开一家，火一家

打造利润倍增母婴旺店的五大关键

畅销书《店长应该这样当》作者

欧阳海淼

著

图书在版编目（CIP）数据

开一家，火一家：打造利润倍增母婴旺店的五大关键 / 欧阳海淼著. -- 北京：北京联合出版公司，2017.10

ISBN 978-7-5596-0841-3

Ⅰ．①开… Ⅱ．①欧… Ⅲ．①妇女－日用品－商店－商业经营②儿童－日用品－商店－商业经营 Ⅳ．① F717.5

中国版本图书馆 CIP 数据核字（2017）第 193043 号

开一家，火一家：打造利润倍增母婴旺店的五大关键
作　　者：欧阳海淼
选题策划：北京时代光华图书有限公司
责任编辑：龚　将　夏应鹏
特约编辑：卢倩倩
封面设计：新艺书文化
版式设计：张志凯

北京联合出版公司出版
（北京市西城区德外大街83号楼9层　100088）
北京嘉业印刷厂印刷　新华书店经销
字数240千字　787毫米×1092毫米　1/16　17.5印张
2017年10月第1版　2017年10月第1次印刷
ISBN 978-7-5596-0841-3
定价：49.00元

未经许可，不得以任何方式复制或抄袭本书部分或全部内容
版权所有，侵权必究
本书若有质量问题，请与本社图书销售中心联系调换。电话：010-82894445

 **推荐语**

吴松航
中国"好奶粉标准"创立者、北京航空航天大学客座教授、天津财经大学工商管理学硕士

  中国的母婴行业发展潜力无限,连锁更现燎原之势,但很多婴童店经营者在经营规模不断扩大的同时,也困扰于经营效益的进一步提升。欧阳海淼老师以其多年的实战经验,从经营理念入手,在选址、经营,乃至于员工培养及队伍建设等各个方面,给予了经营者明确的指导。她的这本书是一部不可多得的好教材,可谓字字珠玑。

李茂银
阿拉小优联合创始人、童萌惠董事长、清华大学MBA校友导师

  看书容易执行难!在婴童店快速转型的今天,我们需要海淼老师这样既有丰富的实战经验,又有相当理论高度的教练型老师。她不仅讲道理,还教我们如何做。

I

罗文杲

《销售与市场》杂志社总经理、中童传媒总策划

业精于专，功成于勤。欧阳海淼老师将多年门店经验凝聚心血，倾注笔尖，秉虔诚之心，持严谨之道，此书值得探究学习。

曹天伟

《母婴商情》总经理

欧阳老师在服装和母婴行业历练很多年，我也多次听过她给母婴店老板们的现场授课，语言很平实，内容有实效。本书有大量实际案例，对于提升母婴店管理有相当强的借鉴价值。

李 伟

中国母婴产业创新联盟常务理事长、北京母婴服务协会会长

能写书的人有很多，能讲课的人也有很多，但既能写书又能讲课同时又有一线实战经验，并能将理论和实践相结合，继而形成自己的理论体系，传道授业，真真正正帮助门店业绩提升的，就不多了。欧阳海淼老师就是这样不可多得的门店实战教练。此书犹如及时雨，为蓬勃发展的母婴行业提供了不可多得的高度指引和实战教练借鉴，堪称母婴门店教科书。

朱必红

母婴坊母婴连锁机构总部董事长

在互联网蓬勃趋进的时代，还能见到《开一家，火一家：打造利润倍增母婴旺店的五大关键》这样的好书实属不易，就让专注零售门店销售十几年的欧阳老师伴我们母婴实体店一起成长。

李代伟

中国婴童网主编

母婴产业规模持续增长，但门店却普遍感叹生意越来越难做。中国母婴渠道经历了起步期、增长期、爆发期后，已逐渐进入调整变革期。新环境下如何开一家店，火一家店？学习改变命运，欧阳海淼老师的这本书带您找到答案！

张　涛

傲创·群婴会创始人、婴童渠道管理咨询顾问、杭州傲创商务咨询有限公司总经理

欧阳老师以仅仅六年时间就完成了《店长应该这样当》《开一家，火一家》等多本力作，实在是令人佩服不已！感谢亦师亦友的欧阳老师深具慧眼，凭借其敏锐的洞察力与多年从业经验，不仅探究出行业潜在问题，更在书中提供有力的解决方案！世界愈快，心则慢！欧阳老师以一种近乎禅人的修持，不受外境干扰，秉承匠人精神全心全意投入。《开一家，火一家》这本书的出现也无疑及时地给了我们婴童从业人员最真实也最恳切的提醒。

李刚国

婴童成长力构建权威导师

欧阳海淼老师是零售门店管理与培训方面的专家，她将自己多年的零售管理心得倾注于母婴零售运营，并付梓，这是一件惠及大众的好事。该书将指引母婴零售的升级与变革，值得广大婴童人去学习、践行！

 前 言

  这本书就像是我的孩子,因为它是和我人生中的第二个孩子一起孕育、一起成长、一起出生的。

  自从决定生育二宝以后,我耳闻目睹了身边太多妈妈对于母婴产品的迫切需求,并且切身体会到了母婴这个行业的巨大前景。我一直在想,该怎样为母婴行业做些事情呢?

  十几年来,我一直专注于零售门店的销售与管理培训,眼看着很多细分行业从粗放发展到精细管理,从盲目扩张到深耕细作;眼看着一个个品牌从萌芽、放肆成长、风雨历练,到最终逐步走向成熟或没落;更眼看着一家家门店从"门庭冷落车马稀"到门庭若市、财源滚滚……这些过程中,有一个个血的教训,也有无数个珍珠宝藏般的收获。母婴行业起步虽易,发展却很难;行业红利被无限放大,行业提升却被始终忽视。

从表面上看，母婴行业与外界之间隔着一堵厚厚的"围墙"。"围墙"外，光怪陆离的行业前景吸引着无数行业外人士，使得他们纷纷转型、加入，企图分一杯羹。尤其是近几年，各地母婴店更是风起云涌，如雨后春笋般冒了出来。但现实的情况是，很多店开得快关得也快。"围墙"内，无数行业老手却是怡然自得，安享自己的那一小片天。

殊不知，这堵"围墙"早已随着时光的进化在不知不觉中逐渐斑驳，根基不稳，岌岌可危。衣着随便、素面朝天、东倒西歪的大嫂或大婶级别的营业员，方言色彩浓重，或嗑瓜子，或聊天，或倚靠发呆。你说买，她马上满脸堆笑；说不买，立马甩你一道高冷眼神爱答不理，就连站姿走姿处处都彰显着——这是一家不上档次的店。这种情况在母婴店并不鲜见。

同时，有的母婴店老板做了好几年生意，不知道自己到底赚了多少钱，店铺没有账目管理，没有盘点，不知道怎么算是盈亏平衡，看到营业额就开心，却没有算过自己的毛利率。甚至，母婴店重要利润贡献点奶粉品类，因为没有管理、没有顾及保质期、没有遵循"先进先出"的原则而不得不白白浪费了纯利润……

在实体零售行业的细分行业中，服装行业危机感巨大，这两年更是四面楚歌，与之关联的饰品行业、鞋帽行业、皮具行业，等等，都意识到了行业的危机和大环境的变化，纷纷开始深挖细耕，在做好管理变革的同时，加大服务的深度和宽度。而这些，已经延伸至其他行业的实体零售门店。母婴行业也深受其影响。

在大浪淘沙的今天，哪个行业前景光明、潜力巨大，要不了多久，就会有众多眼明手亮的旁观者参与其中。也正是这种不断模仿、竞争，促使行业的从业者不断地去寻找差异化，修炼内功。行业的发展就是这样，在外界压力和自我反省中逐步成熟。

作为一个二胎妈妈和一位专注于零售行业门店管理的培训师，如何能够为这个目前市场红火,但起步和管理有待成长的行业,尽自己的一些绵薄之力呢?由此,我有了专门为母婴行业写本书的初心。

之前,我曾经写过四本书。其中,第一本书《店长应该这样当》一经出版即畅销多年,创造了同类管理书籍的发行奇迹。很多零售企业店长人手一本,还有不少业内同行把这本书誉为零售行业的教科书。对此,我深感荣幸,也暗暗下定决心用更好的作品来回报大家。之后,我又陆续写了《导购应该这样管》《店长应该这样当(升级版)》《我就是你要的旺店女王》等书,它们也都是专注于零售门店的实战管理的书籍。

但是,所有这些书中没有一本是专注于母婴行业的。即使是专门去搜索,人们也很难看得到关于这个细分行业的经典大作。由此,更加坚定了我写这本书的决心和信心。

同时,我也希望能够和广大的母婴行业从业者一起成长,共同见证明日的辉煌。

阳光下,让我们一起奔跑。

欧阳海淼微信公众平台

每本书都有一段难忘的背后故事

 目 录

思维篇　改变思维方式，走好打造母婴旺店的第一步

行业前景与现实——有巨大红利，更有无限危机　// 003
经营战略——要"短期战"，还是"长期战"　// 011
销售战术比拼——要"价格战"，还是"价值战"　// 016
企图心与业绩——是被动销售，还是主动行销　// 021

销售篇　提升成交率，打造母婴旺店需要向顾客要业绩

销售在细节——相邻店铺为什么业绩悬殊　// 029
寻找盈利点——业绩问谁要　// 034
赢得业绩第一步——弄清为什么顾客不选择你　// 042
进店率——为什么别人家客流很多，自家却等客上门　// 048
深度接触率——为什么顾客在店里进进出出却留不住　// 053
成交率——为什么口舌伶俐、话术连篇，但就是不成交　// 061
客单价——为什么满头大汗、费尽口舌，却只成交一两件　// 070
续销额——为什么鞍前马后周到服务，却挽不回顾客的心　// 079

经营篇　向竞争对手学习，做大而专、小而精的特色母婴店

选址筹备——要人气，还是要盈利　// 089
产品整合——要高毛利，还是要打好"组合拳"　// 100
卖场规划——要做全，还是要做专　// 103
陈列管理——要漂亮，还是要实用　// 108
促销手段——要花样百出，还是要有效　// 116
顾客投诉——如何应对顾客的习惯性差评　// 121
竞品调研——如何向竞争对手学习　// 130

团队篇　打造母婴旺店，既要慧眼识人又要用心育人

业绩倍增——靠老板，还是靠员工　// 137
慧眼识人——要能力，还是要态度　// 143
措施用人——要用心，还是要迁就　// 150
带人带心——要高压，还是要经营　// 157
用心育人——要长远，还是要眼前　// 161
策略留人——要说教，还是要留心　// 168

复制篇　精准定位、分级拓展，母婴店才能开一家、火一家

复制时机——要数量，还是要质量　// 183
复制要素——要人，还是要机制　// 192
复制策略——向上走，还是向下分　// 196
例会复制——要高效，还是要形式　// 201
管理复制——要权威，还是要规则　// 216
人员复制——要"强将"，更要"精兵"　// 222

后　记　// 227

附录一　神秘顾客调查问卷　// 229
附录二　准店铺评估表　// 233
附录三　促销效果评估表　// 239
附录四　常见顾客价格异议话术模板　// 241
附录五　竞争对手调查表　// 244
附录六　常见零售门店组织架构　// 245
附录七　各岗位职能及工作职责　// 247
附录八　店铺日常工作流程　// 255
附录九　专卖店组织架构图　// 257
附录十　店长（柜长）的角色定位、工作职责　// 258
附录十一　收银员的角色定位、工作职责及营业工作流程　// 260
附录十二　店员的角色定位、工作职责及营业工作流程　// 263

思维篇
改变思维方式,走好
打造母婴旺店的第一步

所谓思维方式,就是指思考问题的根本方法。我们要想打造母婴旺店,改变旧有的思维方式,是我们需要迈出的第一步。

和尚和屠夫是好朋友。和尚要天天早起念经，而屠夫要天天早起杀猪。为了不耽误早上的工作，他们相互约定，每天谁起得早，谁就叫对方起床。

多年以后，两人双双故去，和尚下了地狱，屠夫却上了天堂。

为什么呢？

因为屠夫天天做善事，每天叫和尚起来念经，是为了苍生。相反，和尚却天天叫屠夫起来杀生。

这个故事告诉我们：很多我们正在做并认为是对的事情，其实不一定是对的。这也涉及每个人的思维方式。

所谓思维方式，就是指思考问题的根本方法。要想让自己有本质上的提升和改变，毋庸置疑，第一步就要改变自己的思维方式。打造母婴旺店也是如此。我们要想打造母婴旺店，改变旧有的思维方式，是我们需要迈出的第一步。

行业前景与现实——有巨大红利，更有无限危机

潘老板本是外贸公司的高级白领出身，拥有多年的管理经验和众多的人脉资源，这使得他在工作之余萌生了创业的想法。于是，他加盟了一家品牌家纺店，并让自己的堂妹负责经营。可惜的是，理想很美好，现实很残酷。大型企业职业经理人出身的潘老板很擅长由一变三，却并不擅长从零到一。再加上他和堂妹两人都没有零售实战的经验，家纺店开业以后，经营状况惨不忍睹，利润节节下滑。在硬撑了一年多以后，潘老板不得不歇业。

总结此次创业失败的原因时，潘老板认为，是家纺行业市场需求后劲儿不

足，导致了店铺的经营惨淡。得出了这一结论后，潘老板又开始不断地寻求新的商机，希望能够东山再起。

> **诀窍一点通：**
> 如果没有找到问题产生的根源，盲目开店只会导致更大的损失。

后来，在和朋友的聊天中，潘老板得知，目前的人口红利为母婴行业带来了极大的利好。从市场需求而言，这一行业的缺口是很大的。随着生活质量的提高，孩子的消费往往在家庭消费中占重要比例。潘老板顿时眼前一亮，暗暗地做了一个决定。

为了避免重蹈覆辙，潘老板的第二次创业比第一次要谨慎得多。他亲自去参加各种婴童展会，精选优质品牌产品。毕竟，同他之前做的单一家纺品牌加盟店相比，母婴店产品品类多如繁星，而产品如何整合也是一门大学问。同时，潘老板还认真地向其他同行请教，了解市场需求。

在做好了相关准备之后，潘老板雄心勃勃地在当地开了一家面积80平方米的母婴店，并亲自招募了四名店员。店铺依然让堂妹来负责经营，潘老板自己在工作之余也时不时来店内巡查。

本以为这次可以舒服地享受成果了，可潘老板的眉头却越皱越紧。这是怎么回事儿呢？

> **诀窍一点通：**
> 只关注上游，却没有关注下游，赢利同样难保。要知道，一切体现于终端，业绩也取决于终端。

原来，开店第一个月，因为有强有力的开业促销活动做支撑，店铺营业额的数字还算好看,最高的一天也有上万元。一时间,潘老板信心骤增,进货也是大手笔买入,货仓堆得满满的。

后来,随着促销活动的减少,再加上春节到来,店铺放假,客流量随之减少,店铺第二个月的营业额骤减。"刚开业就是不稳定,慢慢就好了。"潘老板这样安慰着自己,静静地等待年后客流回升后销售红利的到来。可惜事与愿违,节后有两个店员没回来上班,新人又暂时没有招募到位,一时人手紧张,坚守岗位的员工因为工作量骤然增大而怨声载道。

潘老板赶紧招了两个新人,希望能够迅速解决人手问题。可是,又过了一个月,眼看着隔壁的竞争对手生意都已经逐渐红火了起来,潘老板的店却一天天地没有动静,他期望中的"慢慢就好了"并没有随着时间的流逝而真的到来。相反,店铺的业绩却一天不如一天。

如此持续三个月以后,潘老板的心绪越发混乱,因为店铺竟然有连续两天营业额为零,现在一个月的营业额连房租都不够付。要知道,潘老板是在年前接手了这家店铺,当时的租金委实不低。

为什么会出现这样的状况呢?创业的接连失利,原因出在哪里呢?自己一直引以为豪的大公司管理经验,为什么在自己的店铺就失灵了呢?母婴店到底怎样做才赚钱呢?潘老板陷入了沉思。

曾几何时,母婴行业的光明前景(门槛低、毛利高、见效快)让无数人为之折腰。就我所接触的客户而言,就有从服装行业转行的,从化妆品行业转行的,从鞋帽行业转行的,从家纺行业转行的,从皮具行业转行的……总之,零售细分行业的各个领域都看到了母婴行业这个"蛋糕"。一时间,之前被很多人认为起步低、不上档次的母婴行业,成了许多人眼中的"香饽饽"。

那么，母婴行业这块"香饽饽"是不是真的很容易吃到呢？其实真的不容易。单就店铺而言，传统的母婴店多为综合店，店铺内有婴童装、鞋子、玩具、尿片、辅食等多个品类的商品，有的还有孕妇装等。也许，用孕婴童行业来形容母婴行业更加精确。我曾经给这个行业的不少代表品牌讲过课，也耳闻目睹了这个行业暗藏的冰山雪雨。下面是我对母婴行业发展情况的一些分析。

> **诀窍一点通：**
> 机会中孕育着危机，危机中也隐藏着机会。行业就是在这一个个危机与机会中，被逼着历练风雨、更新迭代的。

前景

据媒体报道，中国目前约有 1.4 亿已育一孩的已婚育龄妇女。实施"全面二孩"政策后，新增可生育二孩的目标人群约 9000 万人。其中，"80 后"的年龄在 28~37 岁，将是生育二胎的主力军。相关业内人士分析认为，全面放开"二孩"后不断增加的新生儿数量，将会以母婴行业为首，带动房地产市场、汽车行业等需求大幅增加。

母婴行业被很多人誉为"朝阳行业"。人口红利和"二孩"政策的开放，以及人们在生活水平普遍提高之后对下一代的关注，都推动了这个行业的快速发展，商机处处可见。同时，因为入行门槛低，一家 20 平方米的小店就可以把生意做起来。所以，越来越多的人投入这个行业。

危机

只看到红利是远远不够的。巨大的红利背后更有无尽的危机。行业的从业人员数量越来越多，不仅代表着这个行业的兴旺发达，也代表着这个行业的竞争进入了白热化阶段，重组和转型也是不可避免的问题。如果还是延续老一套，只靠老板一个人，或者只是夫妻档，靠打折促销搞活动来做生意，那么，我们很快就会发现，生意越来越难做。

要使自家生意蒸蒸日上，聪明的商家就要充分了解母婴行业背后隐藏的危机。这些危机主要表现在以下几个方面：

1. 门槛低

母婴行业投资相对较小，门面不需要太大，从业人员要求不高，这些都算是实体零售行业中的低门槛。

2. 高竞争

低门槛也预示着高竞争。尤其是近几年，看到母婴行业蕴藏的巨大商机之后，大量母婴店如雨后春笋般冒了出来。但现实的情况是，很多店开得快关得也快。

3. 服务差

衣着随便、素面朝天、东倒西歪的大嫂或大婶级别的营业员，方言色彩浓重，或嗑瓜子，或聊天，或倚靠发呆。顾客说买，马上满脸堆笑；顾客说不买，立马甩脸色，爱答不理，就连站姿、走姿处处都彰显着——这是一家不上档次的店。这种情况在母婴店并不鲜见。

4. 产品严重同质化

奶粉是母婴店最常见的商品之一。说起奶粉，很多人都能说出几个品牌，这里面既有国际知名品牌，又有国内知名品牌。除去这些品牌，还有层出不穷的新品牌。而作为母婴店不可或缺的主力销售品类，同质化也是相当严重的。门店上货的品牌都差不多，尤其是一些知名奶粉品牌，如果你没货，顾客就会认为你这里货不全。这种情况在纸尿裤、辅食、婴童装、玩具等品类上也有表现。

5. 管理乱

有的母婴店老板做了好几年生意，不知道自己到底赚多少钱，店铺没有账目管理，没有盘点，不知道怎么算是盈亏平衡，看到营业额就开心，却没有算过净利润。甚至，作为母婴店重要利润贡献点的奶粉品类，因为没有管理、没有遵循"先进先出"的原则而过了保质期，最后不得不白白浪费……

6. 管理者急功近利

也有一些母婴店的管理者贪图短期的高额利润，频频用种种促销手法追求短期利益，最终失去消费者的信任，却完全没有考虑到品牌的长期发展和客户的忠诚度培养。

趋　势

母婴行业在这样的市场背景下，未来会有以下发展趋势：

1. 大店模式成为行业未来发展的方向

从长远来看，大店模式是母婴行业未来发展的方向，能够为顾客提供孕婴童的衣、食、住、行、玩、护、教等一站式服务，是未来的大趋势。而在大店中，专业的育儿顾问、营养顾问，能够给顾客提供优良而专业的服务和愉悦的购物体验，更是店铺的核心竞争力所在。

为什么能提供一站式服务的大店模式会成为母婴行业未来发展的方向呢？原因很简单：对新手爸妈来说，如果只是购买单一产品，可能他们宁可选择简单、方便、快捷、价低的网络购物。而母婴零售实体门店最大的吸引力，也许就在于可以一站式采购，而且有面对面的服务和手把手的指导。

2. 低端产品越来越难做，品质和服务成为赢得顾客的法宝

网络购物的冲击，国人对下一代的重视，都导致了育儿消费中低端产品越来越难做。即便是拼价格，实体店也很难拼过电商。所以，实体零售门店更应该用品质和服务来赢得顾客。

3. 顾问服务成主流

妈妈班、产后修复班、早教班等店内体验项目的设立，都是方便商家留住顾客，做好一站式服务，从源头开始留住顾客的经营方式。而在实际门店销售中，育儿顾问、营养师等，更可以用专业赢得顾客的信赖。在这个专业性较强

而顾客往往缺乏经验的行业，销售人员的专业性就更加重要。

锦囊一：改变思维方式

想赚钱吗？想！

谁不想赚钱？人人都想。

但是，赚钱的前提是，我们要赚的钱，不是仅仅赚某一天，而是可以持续赚钱。多为以后想一下，多为店铺的长远发展考虑，多从大局和市场竞争态势着手，而不是自己闷着头赚些小钱。

锦囊二：升级顾客体验

未来的母婴店不是为了卖产品而卖产品。顾客来到店铺，是为了一站式购物的便利性，是为了可以享受到更多的购物体验，是为了在这里可以有更放心的品牌信誉。

所以，哪怕是小店，也要设计出顾客体验的区域，也要让顾客有感觉，愿意停留。

也许，我们的一张玩具桌，或一张爬行毯，或一块绘画板，就开辟了小小消费者的体验区域，留住了孩子们的脚步，就留住了妈妈们的身影。

也许，我们的一杯水，一把椅子，就挽留住了一个顾客，创造出了一笔新的销售业绩。

也许，我们的一面照片墙，就留下了当月生日孩子的欢声笑语，也延伸了他们下一次光临的可能。

也许，还有……

锦囊三：采取"精耕细作"的经营策略

实体零售行业的细分行业中，服装行业危机感巨大，与之关联的饰品行业、鞋帽行业、皮具行业，等等，都意识到了行业的危机和大环境的变化，纷纷开始深挖细耕，在做好管理变革的同时，加大服务的深度和宽度。而这些，都会逐一延伸至其他行业的实体零售门店。母婴行业也不例外。

锦囊四：建设拥有战斗力的团队

未来零售实体门店比拼的，不仅仅是产品、品牌、装修、陈列，更多的是人！我们的团队和服务做到了哪一步，直接决定了顾客买还是不买！

等客上门和等客来挑，已经远远满足不了现在顾客的需求。有没有培养出一批自己的精兵强将，团队战斗能力如何，也将决定门店未来的生命力。

锦囊五：建立自己的门店运作模式，先做强，再做大

在大浪淘沙的今天，哪个行业前景光明，潜力巨大，要不了几个月就会有众多眼明手亮的旁观者参与其中。也正是这种不断的模仿、竞争，使得行业的从业者不断去寻找差异化、修炼内功，行业的发展也是在这样的外界压力和自省中逐步成熟的。母婴店的从业者们也同样如此。他们需要建立属于自己门店的标准化运作模式，先做强，再做大，逐步"攻城略地"，打造属于自己的一片天。

欧阳寄语：红利不代表行业前景就是光明的，而危机也可能成为行业发展的契机。

经营战略——要"短期战",还是"长期战"

  关爱一生母婴店的王老板是一位勤奋好学的人。他每个季度都会定期出去听课学习,也会把学到的一些新知识、新方法积极用在店铺管理中。在他的不懈努力下,店铺业绩做得很不错。又加上王老板本身的文化底蕴深厚,所以,很多同行都笑言,王老板是本行业的博士生。确实,在整体基础比较薄弱的母婴行业创业大军中,王老板无异于一股清流。

  但是,最近,这位母婴行业的"博士生"也有点纠结。王老板有一个愿景,那就是把自己的店铺做成百年老店。他是一个有想法的人,家里也颇有积蓄,家人都很支持他创业。所以,他当初开店时并不缺少资金,店铺是直接买下的。也正因为如此,王老板在经营时不像有些同行那样急功近利,过于追求眼前利益,而是注重长远赢利。他在店铺管理和销售策略上,都一直考虑店铺的长远发展,一切都是为了店铺的未来做打算。

  例如,同行掀起"价格战",同样的商品,价格一个比一个低。王老板从不参与这种活动,坚持店铺产品不打折、不优惠、不跟风。但随之而来的,是店铺员工的埋怨。原因很简单,员工是靠销售额提成的,当店铺的整体销售额下滑时,员工的收入也会受到影响。员工不会考虑店铺的毛利率怎样,促销对店铺有多少成本的压力；员工只会说，因为老板不搞活动，所以店铺销量下滑，业绩不好、提成减少也是老板的原因。于是，在周围大环境的打压下，一时间，店铺里人心惶惶，怨气沸腾。

> **诀窍一点通：**
> 作为门店经营者，如果想要自家的员工同心同德，必要的时候，尤其是危机时刻，一定要做好全员的激励工作，和关键员工做好沟通，让公司的经营理念和战略尽现终端，从上到下团结一心。

那么，王老板到底应该怎么做呢？是要顺应潮流同样打"价格战"，还是坚持自己的策略？打"价格战"，王老板觉得不可取；坚持自己的策略，又会在短期内让店铺人心不稳。到底是跟风，还是坚持个性？是坚持，还是放弃？是关注于眼前，还是着眼于未来？一时间，这位大家公认的"博士生"也有些游移不定。

到底是打"短期战"，还是打"长期战"，是一个需要综合考量的话题。企业的战略应该是有计划、有阶段性的，店铺经营也是如此。有短期的计划，这个计划可以是一个月、三个月，乃至一年半载的规划。同样的，也有长期的计划，这个计划可以是三年、五年的规划，是为了店铺的长远发展做准备的。它的内容可以是人才的培养，或者团队工作模式的建立，或者其他。这些也许不能在短期为我们创造利润，但绝对会让我们在未来受益。

真正厉害的商家会把"短期战"和"长期战"结合起来，因为这两种战略各有优势。只关注一种，则会给自己带来大麻烦。

如果只关注短期，今天搞个活动，明天搞个促销，也许会有赢利，但难有大发展。短期的赢利很容易，做做促销，调调陈列，搞搞活动，账面上的营业额就上去了。而真正难的，是持续的赢利能力。对于门店来说，比拼的不是一天两天的账面数字，而是门店长远的生存能力和赢利能力。

如果我们只关注长期，就可能导致短期内赢利不足，员工失去信心，店铺丧失销售机会，形象一点说，就是"渴死"在半路上。

另外，如果我们把"短期战"当成"长期战"，也会为店铺带来严重的危害。

商家在实施短期战略的时候经常会采用竞价的手段。他们这样做，是为了挤垮对手，是为了吸引更多消费者的眼球，赢得关注度。按短期理论，利益并没有得到最大化。在商品的品质相同的情况下，降价带来的售后风险是不可避免的。

如果降价行为一直得到大多数消费者的认可，它就会演变成长期战略。可怕的是，如果一味把"短期战"当作"长期战"，对店铺的无形伤害是巨大的。顾客期望值会水涨船高，店铺长期赢利能力下滑，对于店铺的长期发展来说，没有任何益处。

锦囊一："短期战"和"长期战"结合

"短期战"打的是人气，"长期战"打的是口碑。

商家可以适当利用"短期战"，找回卖场的人气和员工的信心。不过，要注意和"长期战"结合。

比如，为了提升人气，母婴行业经常推出名目繁多的免费促销，像免费奶粉试吃，免费纸尿裤试用，免费米粉试吃，免费体验早教课程，免费抽奖……

很多顾客兴冲冲地赶来，结果事实却同预期有很大的出入。不少商家拿免费促销当噱头，等顾客上门领取才发现，原来免费是有条件的，如要达到某种消费额，如要附加某某产品，如只有体验而没有跟进……这些都只会让消费者的满意度降低，期待值提高，让商家"赔了夫人又折兵"。

另外，顾客收了商家赠送的东西，不一定会乐意掏腰包购买别的产品，有可能只是拿赠品走人。有时，甚至会对品牌和店铺产生负面联想：是不是东西不好，所以一定要促销？是不是该产品成本很低本身就不值钱？是不是天天都有这样的促销？因此，商家一定要打好"组合拳"，将"短期战"和"长期战"结合起来，进行系统营销。

锦囊二：打造"尖刀产品"，寻求突破口

商家运用"短期战"，要注重策略性，比如可以寻找一款库存量大或者知名度高、市场需求大的产品，打造成"尖刀产品"，用这款产品来做活动，从而带动店铺其他产品的整体销量。

上面提到的用于免费促销的产品，就起到了"尖刀产品"的作用，一来造势，二来为了吸引人气，三来引流储存客源，四来带动其他产品销售。从本质上来看，这种免费体验营销的核心目的就在于抛砖引玉，撬动市场。

锦囊三：用差异化赢得长期口碑

无论是免费促销也好，还是其他营销手段也好，都只是暂时的，从长远来看，还是做口碑更重要。所以，用差异化服务来赢得顾客的心，是商家不变的法宝。有远见的门店经营者都会用长期口碑来作为自家的核心竞争力，如用服务，用和顾客的感情维系等，提高顾客满意度，培养顾客的忠诚度。换句话说，只要顾客对我们的门店和服务足够满意，顾客黏性足够高，竞争对手的"短期战"再厉害，也拉不走顾客。

锦囊四：明白自己的战略重心

在我们的战略中，长期战略永远是指导方向，是排在第一位的；短期战略只能在某个阶段起到一定的作用，不能成为常态。因此，在践行经营战略的过程中，我们需要把握好自家的战略重心，不要在途中偏离了初心和行进方向。

欧阳寄语：经营战略方面，短期打人气，长期做口碑。

销售战术比拼——要"价格战",还是"价值战"

2017年春节,某个来自母婴微信群的图片相信让不少人过目不忘:一位顾客手拿一罐奶粉,肩扛半头猪,喜滋滋地在一家母婴店门口拍照留影。

猪肉和奶粉很难让人联想到一起,而买一罐奶粉送了半头猪,就更是少见。因此,这张图片一经在朋友圈爆出,就开始刷屏。各方观点也纷纷出炉。

有的人说:"这是给宝宝买奶粉,还是给自己买猪肉?"

有的人说:"是赠品重要,还是产品的品质重要?"

有的人说:"对于县城或城镇地区的顾客来讲,买奶粉送猪肉,既解决了宝宝的口粮,又解决了大人的口粮,一举两得,实用实际,堪称完美。"

有的人说:"黑猫白猫,能抓住老鼠就是好猫。促销起到了吸引眼球的作用,就是好促销。"

有的人说:"将一个简单的有奖促销做成了事件营销,吸引了这么多眼球关注,好事儿。"

有的人说:"如果恰好图片上有母婴店的名字和奶粉品牌,你不就记住了吗?制造热点,总是有意义的。"

"价格战"在母婴行业屡见不鲜。其实,这不单单是母婴行业的"双刃剑"。纵观各行各业的发展历程,"价格战"都是一个难以逾越的阶段。

买奶粉,送赠品,也是许多商家迈不过的一个坎儿。

我是两个孩子的妈妈,这么多年来给两个孩子买奶粉,也收到过不少赠品。但这些赠品多是跟孩子的衣食住行相关的,如儿童玩具、餐具、推车、爬行毯等。跟其他人不同的是,我算是一个比较理性的消费者。在购买奶粉的时候,我选择的品牌是在相对固定的范围内的,如果刚好该范围的品牌有促销活动,同时也符合孩子现阶段的需要,也许就会顺便多囤些货。如果这个品牌不在我的选择范围内,也不符合我现阶段的需求(例如,宝宝刚刚更换过一个品牌的奶粉,不能再频繁更换),那我是看也不会看的。

不可否认的是,也有很多感性的顾客,在商家巨大的价格让利和赠品的吸引下,会改变自己最初的选择。只是,当选择只剩下价格的比拼,对于顾客来说,就是一个谜一样的选择。

永远不会有最低价,而且总会有人为了吸引顾客的眼球不惜成本。如果单纯只是拼价格,没有最低,只有更低,到最后,受伤的不只是竞争对手,更是品牌和顾客。所以,不少商家会选择规避"价格战"。而要规避"价格战",首先要面对"价格战"。

我是做服装行业出身的,对服装行业的情况比较熟悉。服装行业的"价格战"大家也不陌生,各个商场比拼得如火如荼。如果我说很多品牌专柜在促销时是卖得越多赔得越多,大家相信吗?可能有的读者会摇头,但事实就是如此。为什么不赚钱也要参加"价格战"呢?因为商家并不是为了利润,而是通过损失利润在必要的时候换取库存的消化,抑或是品牌的推广。

不过，更多的时候，有的品牌多年来从不打折，也照样卖得不错。例如，哥弟公司的品牌，面对所有顾客打九折，其实这就是另一种形式的不打折。顾客会因此减少吗？不会。甚至，哥弟品牌的顾客回头率在同行业中是相当高的。价格的稳定，反而增加了顾客的信心。更关键的是，该品牌提供了稳定和合乎性价比的品质。

> **诀窍一点通：**
> 母婴行业现在缺乏的就是类似哥弟品牌这样的行业正面引领者。营销需要从表面回归本质。

这就是"价值战"的魅力。同"价格战"相比，"价值战"从"量"的发展提升到了"质"的发展。从一定程度上来说，"价值战"是"价格战"的反义词。在行业步入转型升级的阶段，"价格战"逐渐退出了市场舞台，"价值战"的意义则凸显了出来。

"价格战"其实包括"低价战"和"高价战"，二者也分别都有成功案例。"价格战"本身是一种市场竞争手段，具有杀伤力强、短平快等诸多优点，为广大厂商所看好和采用，尤其是在一些特定的行业更为普遍。而当这个招数人人在用的时候，我们就会发现，似乎大伤元气的"价格战"也并没有给我们带来预期的收益。而利润下滑，老顾客难以维护，后期销售越来越难做等负面效应，反而让行业危机如山雨欲来。

同时，以牺牲利润为代价，获取营业额的增长的方式，从长远来说，无异于饮鸩止渴、竭泽而渔。如果企业长期搞低价销售，利润就会减少，研发、技改、营销、管理等领域的投入就会相应减少，致使企业发展后劲不足。而发展后劲不足反过来又会进一步影响企业的业绩，使得企业陷入恶性循环的泥淖。与此同时，也会让顾客有了期许，顾客会等待"价格战"时购买，购买时间转移，价值降低。

我们所说的"价值战",则是要实施差异化战略,扬长避短、突出自身特色,充分发挥竞争优势、提高市场占有率、提高顾客满意度、增强消费者体验以取得较高的利润。实施差异化战略,首先表现为通过技术创新和新产品开发,做到人无我有,人有我新,掌握市场竞争中的主动权。

锦囊一:要让价格有价值,先让门店看上去值

1. 形象值

门头招牌鲜明,干净整洁,形象良好;

橱窗主题突出,创意新颖,色彩引人;

卖场规划有序,主次分明,品类丰富;

产品形象统一,品类丰富,组合有序;

灯光明亮适宜,道具衬托,生动盎然。

2. 人员值

人员工服统一,妆容得体,举止温和有礼;

卖场用语标准,礼貌周到;

服务有礼有节,导购不卑不亢。

3. 服务值

导购服务是否热情真诚,笑容得体;

服务话术是否精准流畅,体现专业;

产品卖点是否熟练掌握,自信推荐;

顾客需求是否深度探寻,有的放矢;

后期跟进是否持久维护,深度联络。

锦囊二：从里到外体现门店价值

除了外在形象之外，最有价值的体现，当然是门店的员工是否足够专业化，是否能够提供超值服务。对于专业化，形式和内容一样重要，顾客判断导购是否专业，会从外表、穿着、道具、话术、微笑等方面考核。

锦囊三：掌握价值塑造的技巧

价值塑造得越成功，顾客的满意度越高，成交的可能性就越大。进行价值塑造时，导购可以增加产品的卖点，多寻找顾客的买点，让顾客觉得这个产品值。

欧阳寄语：没有价值，价格也就没有了存在的意义。

企图心与业绩——是被动销售，还是主动行销

夫妻俩抱着刚满月的新生儿来到一家母婴店。新妈妈穿着厚厚的睡衣，戴着厚厚的毛线帽，背着一只鼓鼓的妈咪包。小宝贝裹着厚厚的棉被，被爸爸紧紧抱在怀里。他们带着奶瓶急匆匆地走进门店，一进门就直接问导购："有没有奶嘴？"

导购呢？看了看，摇摇头说："这种奶嘴我们没有。"

孩子爸爸说："要不，再买个奶瓶算了，一个喝奶，一个喝水。"

可导购依然"热心"指引："你再去那边超市看看。"

这不是明摆着把顾客往外推吗？何况还是抱着小孩、刚出月子行动不方便的顾客。

此种顾客，一看就是刚出月子的新妈妈；裹得严严实实，穿着睡衣，肯定是住在附近的；抱着新生儿来，代表是核心潜在顾客，而且顾客此时急需，一定要做好服务。孩子爸爸都已经主动说出了"再买个奶瓶算了，一个喝奶，

一个喝水"，可导购却无视顾客的需求，让顾客再去超市看看。此时的"热心"，对于这对小夫妻来说，其实是帮倒忙。孩子妈妈刚出月子，此时尚裹着厚厚的睡衣，让他们再抱着孩子去寻找超市，实在不应该。

> **诀窍一点通：**
> 此时导购的"热心"，对顾客来说并非是最佳的选择。因为，此时的顾客有燃眉之急。在卖场马上帮他解决实际问题，才是真的急顾客之所急。

正确做法：先请顾客坐下，然后拿其他适合新生儿的奶瓶推荐给顾客。这种情况顾客明显是母乳不足，混合喂养的话，一个奶瓶肯定是不够的。接下来，新生儿的其他用品，如鱼肝油、纸尿裤、湿纸巾、爽身粉、护臀膏、婴儿洗发露、婴儿润肤霜等，也可以进行连带销售。

同时，作为新妈妈，刚出月子奶水不足是很正常的，而我们都知道母乳是最好的婴儿食品，所以，在出售奶瓶帮顾客解决急需之外，也可以和顾客交流一下催奶经验和新生儿护理方法。这样做会让顾客感觉我们不单单是为了销售，而是为她着想。

一旦她认为我们的推荐很专业，并且信任我们，后面推荐什么产品都容易多了。甚至，在店面人手忙得过来的情况下，当顾客成交之后，如果她执意不想浪费那个奶瓶，我们哪怕派一个导购，去帮她到超市再采购那种奶嘴也不成问题。如此下来，这位顾客绝对会对我们的店印象深刻，信赖有加。

如果我们这样做了，从顾客的角度上来说，一来急顾客所急，帮助顾客解决了实际需求；二来照顾到了顾客的实际情况，安排顾客休息、对其进行特别照顾等，顾客心里会觉得比较舒服；三来帮助顾客一站式购物，为顾客提供了便利。从我们的角度上来说，一来吸引了一个稳定的老顾客，二来成就了更多的销售。两全其美，何乐而不为呢？

思维篇｜改变思维方式，走好打造母婴旺店的第一步

由此，我想起了自己在店铺调研过程中扮演神秘顾客时遇到的真实销售情景。当时，导购服务很热情。我为了调研，在店里待了挺长时间，询问了很多商品，也和导购交流了我家孩子的情况。我告诉她，我有两个孩子，大的八岁，小的只有五个月，现在处于厌奶期，需要买东西。最后，我在这家店买的是两盒米粉，因为刚好米粉搞活动买一送一，两盒米粉38元。导购成功地把我送出了店门。

> **诀窍一点通：**
> 顾客购买了产品就是一笔成功的销售吗？错！也许，顾客的购物需求，我们只满足了冰山一角。

这位导购存在一个问题——她只卖了价值38元的单品给我。其实，她完全可以在我买辅食（米粉）的时候，把吃辅食用的碗、勺子、口水巾、磨牙棒，等等，只要孩子在这个时期用得上的，都向我推荐一下。

另外，她所在的这家母婴店，大概有三分之一的区域都摆着服装。我当时还看了看服装区，说了句你们家衣服款式还挺多的。这时，导购如果向我推荐男孩子穿的某个款式："您看这个款式美观大方，面料摸起来也很舒服，您可以买最小号的给弟弟，大号的给哥哥，这样兄弟俩就有自己专门的兄弟装了，一出门就知道是一家人，显得多其乐融融呀！"相信我现场一定会再买下两套服装。

而导购当时的做法呢？我看了卖场的服装之后，称赞服装款式多，她反而又看了看我的穿着打扮，然后说："你不是本地人吧？"我说："对呀，我来出差，刚好这会儿没事，但是我走到哪儿都给我儿子买东西，走到哪儿都想着他。"

其实，我故意留了很多销售的契机给导购，可是导购只是笑笑，没有任何回应。这就好比一个打拳的人，如果棋逢对手，就会更加兴致勃勃，可偏偏

我就像是一记硬拳砸到了棉花上，软绵绵地得不到回应，这种感觉其实挺无趣的。等到了收银台，我又问她收银台附近的磨牙棒和其他零食多少钱，但导购也没有向我推荐……

锦囊一：销售人员必须拥有企图心

销售人员的企图心是一把双刃剑，可以毁掉一笔交易，也可以成就一笔经典大单。问题是很多门店销售人员不是企图心太过，而是根本没有企图心。

锦囊二：不转变思维方式，很难成就业绩

思维的转变是行动转变的根源。销售人员如果没有转变思维，那么也很难成就超级大单。很多门店的销售属于自然销售，没有真正去引导顾客，满足顾客的潜在需求。如果是一家销售冠军店铺，每个销售人员站出来都是两眼发光的，目标明确，企图心满满。

锦囊三：改被动为主动，变坐销为行销

只靠传统的被动销售，等客上门，等顾客询问，等顾客选择，等顾客成交，那么，我们看到曙光的机会是微乎其微的。现在的市场竞争要求我们必须改被动为主动，变坐销为行销，不忽视每一个路过的顾客。

锦囊四：未来的体验式营销更侧重一站式销售

母婴店的顾客多是"80后""90后"的父母，这部分顾客习惯快速高效的节奏，注重体验。他们在购买专业性较强的母婴用品时，其实更希望有一个专业的导购，帮他们一站式地解决所有的问题。对于门店来说，顾客的一站式采购可以成就自家的超级大单，又何乐而不为？这两者之间并不冲突，反而是相辅相成、互惠互利的。

欧阳寄语：销售人员的企图心是一把双刃剑，可以毁掉一笔交易，也可以成就一笔经典大单。问题是很多门店销售人员，不是企图心太过，而是根本没有企图心。

销售篇
提升成交率,打造母婴旺店
需要向顾客要业绩

营业额＝客流量×进店率×深度接触率×成交率×客单价×续销额。打造母婴旺店,需要从顾客的买点出发,向顾客要业绩。

销售篇 | 提升成交率，打造母婴旺店需要向顾客要业绩

销售永远是门店的第一话题。换言之，门店之所以存在的意义，就是其能够产生销售和利润。但是，我们往往也会看到，门店并不是开了就万事大吉，盈利并非像自来水一样，拧开水龙头就有收获。恰恰相反，在现今竞争激烈的销售市场，开店不久就关店，或开得越久赔得越多的事情并不少见。这其中，跟销售理念、销售技巧都有很大的关系。本篇就将带领大家走入我们熟悉的销售场景，共同来探讨销售的境界。

销售在细节——相邻店铺为什么业绩悬殊

　　A店和B店是位于同一条街上相邻的两家母婴店。二者在面积、定位、经营产品方面都相差不大，但A店生意红火、人流如潮，B店却门庭冷落。算起来，A店的业绩差不多是B店的2~3倍。

　　以上这种情况相信大家都屡见不鲜。位于同一商场、同一楼层或者同一条街，同样大小的店面，类似的风格定位，有的店可能月销售额达到50万、100万元，有的可能只有5万、10万元，甚至还有的店只有1万~2万元。

　　为什么它们的业绩会有如此大的差异呢？

> **诀窍一点通：**
> 业绩的差异不是突然之间产生的，更不是由于某某运气不好。更多的差异是在细节中，在日常的工作中，在一点一滴中就已经产生了的。

让我们走进店铺来看一下。

A店：

当班的有四个导购，她们身着同样一尘不染的紫色花边衬衣和粉色小围裙，左胸统一整齐佩戴本品牌的银色金属胸牌，淡妆上岗，笑容可掬。合体的装束，精致的妆容，让人一看就觉得这里品位不凡。专柜门口永远站着一个导购，带着我们不好意思拒绝的浅浅微笑，伴以热切真诚的眼神，和让我们不忍回绝的甜甜的"欢迎光临"！

A店似乎永远没有闲着的员工，这边顾客刚走，那边就开始整理货架，熟悉货品；还没有互相沟通完刚才销售的体会，下一个顾客就从门前款款走过，又一声热忱的"欢迎光临"，再次进入了下一轮的忙碌中。调整陈列，讨论新品推广方案，比赛附加推销，考核货品库存，似乎这群人永远有做不完的事和用不完的干劲儿。

B店：

同样是四个导购当班，货品也和A店同样丰富，但因为一直以来业绩不佳，似乎B店的导购自己也进入了低迷期。妆容服装不统一，看着像"杂牌军"，而装修一新的店面因为导购心情的低落似乎也失去了光彩。因为客流少，几个导购倚靠在收银台前聊起了天，正聊到兴起处，一位顾客走进了店铺，几个导购赶紧来了个"急刹车"，瞬间齐齐堆起满脸满眼灿烂的笑容："欢迎光临！"奇怪的是，还没等他们走上前，顾客却总是像走错地方一样讪讪地走出去了。"真倒霉。""今天又完了。""没劲。"大家再次愁眉紧锁，今天的业绩不言而喻。

看完上面两个店铺的情况之后，聪明的读者是不是已经明白这两家门店业绩悬殊的根源所在了？当身处上述环境时，同样的硬件条件，类似的货品风格，作为消费者，我们更愿意在哪家店铺购物呢？哪家店铺的购物环境会更让我们感觉轻松自如呢？

店铺的氛围和导购的工作状态非常重要

我们作为消费者也会有这样的体会：假如进入一家店铺，导购在那里无所事事，悠闲地聊天，给我们的第一印象就是这家店生意不好，这么冷清，就剩员工在这里聊天。接着，不由得心里就会想：如果进去的话，会不会被当成"冤大头"。或者，觉得导购服务不好，上班时间无所事事，聚在一起聊天，我进去之后服务态度也不会好，干脆不要自讨没趣了。

所以，即使是店铺里边没有顾客，导购也要保持积极忙碌的工作状态，塑造顾客容易进店的氛围。

导购对工作流程的处理非常重要

在刚才A、B两家店铺的对比中，相信大家已经可以看出，二者对于工作流程的处理非常不同。

A店，不管什么时候，店铺门口都有一个热情洋溢、富有亲和力的导购在迎接顾客入店，一声甜甜的"欢迎光临"，让每个路过的顾客都心里一暖。虽然不一定所有路过的人都会去店里转转，但相信在她们这样热情的招呼下，顾客进店的概率肯定会大大提高。那销售的概率呢？自然也提高了。

然后，在没有顾客的时候，看一下她们的工作安排：调整陈列，讨论新品推广方案，比赛附加推销，考核货品库存，似乎这帮人永远有做不完的事和用不完的干劲儿。她们的工作时时刻刻是箭在弦上，一触即发，随时为销售做好准备的。

B店现在正处于恶性循环的状态。因为客流少，导购更没干劲儿，也没有采取措施去改变现状，反而随波逐流，无所事事，没有充分重视顾客，甚至连本来光彩照人的店面装修也因为他们的情绪低迷而失去光彩。结果导致顾客进店之后,感觉到的不是受尊重,而是应付式的"欢迎光临"。这就是顾客进来之后反而总是像走错门一样讪讪地出去了,店铺业绩也更加不好的直接原因。可以说,B店的管理和工作安排是有很大问题的。

任何业绩的成就没有平白无故,业绩的差异是肯定存在的,而在这差异的背后必然有问题。

锦囊一:走出店门,局外审视

具体做法就是,把自己当成顾客,将周围的店铺从外到里走一遍,从顾客的角度,从局外人的角度去审视,看自己和竞争对手的店铺有什么差异。

往往在这个时候问题就出来了。

顾客爱进哪家店,为什么?这位顾客是新顾客,还是老顾客?他进店后都关注什么品类的产品?什么价位的商品最受欢迎?哪些店铺的促销活动能吸引顾客?跟其他店铺相比,为什么我的店铺不吸引人?为什么我的店铺留不住顾客?

……

锦囊二:敞开心胸,取长补短

通过上文的分析,我们重新回到自己的店铺,敞开心胸,进行反思:是卖场人气不够,还是促销氛围不对?是导购积极性不高,还是销售技巧有问题?是货品不行,还是卖场布局不合理?……

相信一番思考之后,我们一定可以找到答案。

锦囊三:卖场无大事,销售无止境

门店管理通常没有什么大事,销售就是在做细节,但这每一个细节却都有可能对我们的销售业绩产生巨大的影响。小事都做好了,那销售大事就没有问题了。销售是无止境的。

欧阳寄语：如果认为自己做得很好，但业绩就是不如别人，那肯定是做得还不够好。

寻找盈利点——业绩问谁要

同样条件下的竞争对手,业绩有差异是正常的,那业绩的差异到底是从什么时候开始的呢?让我们来看一个真实的案例。

多年前,我刚来广州的时候,在北京路步行街上的一个写字楼上班。有一天,我来得比较早,还不到打卡时间,就决定在北京路随便逛逛。

北京路步行街上,服装专卖店一家挨着一家,以休闲服装为主。由于时间还早,整条街静悄悄的,只有几家营业时间比较早的店铺开始营业了。我准备走进前面的一家店看看。

可是,就在我走到这家店铺的门口准备进去时,地上一个横放的拖把拦住了我。不知道是哪个员工拖地拖了一半又离开了,只剩下孤零零的拖把横在门口。

再往里边看,一个导购趴在收银台的侧面,悠闲地跷起一只脚,津津有味地吃着包子;而收银台的另一面,同样是一个跷起一只脚、趴在收银桌上的女孩子,享受着早餐奶;第三个导购在对着试衣间旁边的镜子,专心致志地画眉毛;还有一个没换工作服,大概是新来的,全神贯注地低着头擦里边的货柜……

这家店有四个员工在上班,但是竟然没有人发现我这个顾客已经到了门口。算了,还是不要打扰人家的阳光早餐,我把已经伸进去的一只脚又缩了回来,转身又向前走去。

前面也是一家服装专卖店,也是刚刚开门,一个导购正在门口拿着抹布擦拭玻璃门,远远地看见我走过来,就赶紧站起来,笑容满面地说:"早上好,小姐,欢迎光临,请进来随意看一下。"一大清早,听到这么悦耳的声音,看到这么灿烂的笑容,我不由得感觉心情也敞亮了起来。"嗯。"我对她友好地微笑了一下,走进了店铺。结果发现,这家店铺的裤子不错,有件外套也挺漂亮的。逛了一会儿,因为快到上班时间了,我并没有买衣服,而是赶回公司去了。不过,下午一下班,我就直奔这家店,买了两条裤子,然后还搭配了衬衣和外套。本来只是早上的匆匆一次进店,结果下午就买了四件衣服。

在这个案例当中,两家店铺形成了鲜明的对比。

业绩的差异是从什么时候开始的呢?其实,在顾客还没有进店的时候就开始了。

细心的读者会发现,第一家店铺,我根本没有进去,只是在门口感受到的店铺的氛围、导购的状态,就已经让我没有了进去的欲望,从而根本就没有给他们服务的机会。如果顾客连进都没有进去,那再好的销售技巧又有什么用呢?根本没有人愿意让你服务!所以说,业绩的差异在顾客还没有进店的时候就已经开始了,因为顾客是否愿意进店直接已经决定了门店的进店率,决定了门店业绩的第一步。

相信大家都听过这样一句话:最好的市场,也有最不好的生意;最不好的市场,也会有相对好的生意。而门店常常会觉得很迷茫:到底从什么时候开始我的业绩比别人差了？我跟别人比，到底差在哪里了？很多代理商和加盟商也常有类似的想法：奇了怪了，我们什么都差不多啊，店面装修不比他们差，导购形象也不错，品牌定位和产品都差不多，位置也都是紧挨着的，为什么不知不觉中他们就比我们业绩好呢？我都不知道什么时候就开始有差异了？！大概是人家运气好，我今年是本命年，倒霉啊，生意就是不上门。想当年……

相信大家看完上述文字后会有一些感悟。我们常常会说，要想生意好，一定要有顾客进店，如果顾客连进都不愿意进，生意又怎么会好呢？

业绩的差异从什么时候开始？业绩的差异在顾客还没有进店的时候就已经开始了。因为店铺的氛围、人气，员工的状态、产品陈列的创新等，已经决定了顾客愿不愿意进来。顾客不进来的话，门店自然就没有生意可做。

那么，我们到底应该关注哪些盈利点，进而提升业绩，找到业绩的突破口呢？让我们共同来看一下。

今天在公司的周销售例会上，看着其他兄弟店铺骄人的业绩，小黎不禁低下了头。眼下已经是销售旺季，大家业绩都那么好，就自己负责的店业绩不佳。前段时间一直搞促销，业绩还都过得去；上周促销一停，店里的业绩马上就出现了下滑。都怨公司，干吗要停了这个促销呢？

当销售经理问到小黎这边的销售情况时，小黎咽了咽口水，直起了脖子，把心底的不快抖了个一干二净。张经理看了看小黎，没有说什么，但脸色已经晴转阴了。她刚想发作，又忍了忍，盯着小黎说："你没有促销活动业绩就不行了，其他店铺也都没有促销，为什么就你的业绩下滑得最厉害呢？今天回去给你布置个'作业'，分析到底影响业绩的因素有哪些？只是促销决定的吗？明天交报告给我！"

销售篇 | 提升成交率，打造母婴旺店需要向顾客要业绩

> **诀窍一点通：**
> 促销只是影响业绩的外界因素之一。影响业绩的更多因素，是内因，而非外因。而且，单纯依靠促销打折而产生的业绩增长，必然带来后期更多的负面影响。

散会了，小黎闷闷不乐。这时，旗舰店的店长王姐走了过来。王姐是老资格的店长了，前后带出来好几位店长，现在公司正准备提拔她做督导呢！小黎虽然不是她带出来的，但也久闻王姐的大名，所以一看见王姐，就赶紧向她求救。

王姐笑了："小黎啊，记得以前培训时老师讲过这个问题。

"让我们来共同分析一下——

"所在商圈、店铺位置、客流量、气候、当地消费习惯、店面形象、灯光、服务、货品、人员、物流、陈列、促销、品牌、销售技巧……终端无小事。任何小的细节都有可能影响到我们的业绩。

"那么，在这么多的因素中，到底哪些是影响业绩的重要因素，哪些是我们可以掌控的呢？纯粹依靠促销，高业绩会长久吗？除去店铺选址、店铺面积、品牌效应、货品适销等一些客观原因外，哪些是我们在现有的状况下可以做出调整，从而可以创造更多的利润呢？相信这是我们每个人都关注的话题。

"我们来看这样的一个公式：

"营业额 = 客流量 × 进店率 × 深度接触率 × 成交率 × 客单价 × 续销额

"**客流量：**一定时间内店铺前客流的数量。

"**进店率：**顾客进店的概率有多大。我们常常会看到，店门口的人流不少，但这些人流对我们而言并不是有效的客流，因为他们根本连店门都没有进去。这就是进店率的问题了。如果我们要想让业绩倍增，进店率的提升是第一步。

"**深度接触率**：进店率不低，但顾客在店铺停留的时间不长，进来之后转一圈就走了。没有深度接触，就没有体验、成交和后续的服务。深度接触率，与店铺的业绩紧密相连。

"**成交率**：成交的概率。顾客试穿或试戴之后，就已经成交了一半，但我们往往也会发现，很多店铺试穿或试戴之后的成交率很低，问题出在哪里呢？

"**客单价**：每个客人单笔购买的总金额。同样都是服务一个顾客，A导购服务的顾客买了一件，1000块。B导购服务的顾客买了三件，3000块，这两个导购的客单价已经让业绩有了3倍的差异！

"**续销额**：顾客的回头率和转介绍率。顾客单次在这里购买之后是否重复购买，是否有转介绍给亲戚朋友。续销额的出现和增加，与顾客间的口口相传有着紧密的联系。口碑的价值远远赛过广告。

"这几个因素都是销售过程中影响业绩公式的重要参数。如果我们深入去做的话，这些因素和指标就可以有所提升。"

小黎听了之后，恍然大悟：是啊，可以做的事情有很多，如果一味地依靠促销，其他方面没有做到位，业绩也是不长久的。可见，之前是自己的想法太狭隘了，连影响业绩的因素都没有搞清楚，怪不得张经理生气呢！

明白了影响业绩的重要因素之后，业绩到底应该问谁要？应该关注哪些盈利点呢？我们来看一下这几个店长是怎么做的。

A是一个勤奋好学的女孩子，工作也踏实用功，每天比大家来得早，走得晚，销售也非常卖力。不久，因为表现出色，她被提拔为店长。A店长对公司重用她这件事非常感激，从此每天来得更早，走得更晚，销售时更加卖力，擦玻璃擦得更加干净，但店铺业绩却越做越差。

B店长个人销售能力很强,相应地,自然对店铺业绩也非常重视。她认为,业绩是第一位的,其他都是次要的,所以每进来一个顾客都亲力亲为,热忱服务,每天都待到很晚才下班,希望能够把店铺做好。说来也怪,只要她在店铺,店铺业绩就会不错;她如果不在店铺,业绩就会明显下降很多。一个月下来,店铺的整体业绩没有什么起色。

C店长是大家眼中的"开心果",什么时候看到她,她都是面带微笑,让人看了就开心。而且,她工作也非常积极,对人非常和气。所以,虽然她工作经验不多,主管还是很看好她,并且给她配备了几个能力强经验丰富的店员。谁知道,时间久了,这些店员认为店铺的业绩都是靠他们挣来的,渐渐地不把C店长放在眼里,甚至有时还会顶撞她几句。C店长很伤心,一向很开心的她也抹起了眼泪。结果,他们店铺的业绩也没有什么起色。

店铺中的东西很多,可以说,一家店铺就像一个家,就像一个舞台,麻雀虽小,五脏俱全。如何把这个"家"管好,可不是件容易的事。"家"里事情那么多,业绩是头等大事,我们又该从哪些地方抓起呢?

在店铺的工作中,店长的角色是最重要的。店长把工作思路理清楚了,那店铺的整体业绩就有希望了。如果只是依靠个人的力量,像A店长、B店长那样,即便再累再苦,发挥的也只是一个超级大导购的作用,而不是一个优秀店长的作用。仅凭一己之力,自然难以成就团队的成绩。C店长呢?虽然身边有资源,但没有充分利用并且发挥店长应有的作用,所以也始终树立不起店长的威信。这样一来,店铺的核心竞争力就很难形成,店铺的业绩自然也不尽如人意。

一个优秀的店长要能充分调动身边的资源,把最合适的人放在最合适的位置上去,而不是事事亲力亲为,孤军奋战。

而在影响业绩的因素当中,再多的指标实际上都是通过店铺中的人、货、场这三大块来实现的。换言之,如果我们把店铺的人、货、场厘清了,搞顺了，业绩自然而然地就上去了。

锦囊

锦囊一：先"理"后"管"

门店管理，业绩提升，要先学会"理"，然后才能"管"。如果我们没找到问题所在，管得再多也无法真正解决问题。

锦囊二：好兵还要好头带

店长在影响店铺业绩的众多因素中扮演着至关重要的角色，因为店长的处事方式、性格特点，直接决定着店铺的风格和做事方式。俗话说，一只狼带领的一群羊，可以打败一只羊带领的一群狼。要想业绩做得好，店长首先必须要全力以赴，时时刻刻影响、带领大家去做。团队中一定要有这样的领军人物。

锦囊三：无形的感觉比有形的服务影响更大

服务也是影响店铺业绩链条中重要的一环。有时候，无形的服务甚至比有形的服务影响更大。

何为无形的服务和有形的服务呢？

有形的服务，就是店铺表现出来的，店铺员工嘴里说出来的，顾客一看就知道的。

无形的服务，就是店铺还没有来得及说，员工还没有来得及服务，但已经给顾客的一种无形的感觉。

很多朋友都喜欢逛街。在逛街的时候，不知大家有没有发现：当我们无目标地游逛时，眼神是游离、飘忽不定的，但这并不代表我们没有看东西。我们只是在无意识地看，随意地浏览。在这个过程中，我们的大脑并非没有记忆，它也是在随时收集信息的。有些时候，我们走进一个商场，在过道里随意逛着，可能嘴里还和朋友有一搭没一搭地说着闲话，但就是鬼使神差地愿意进一个专柜去看看,或者就是不想进某个专柜。而这些,其实就和顾客无形的感觉与店铺无形的服务有关。

欧阳寄语:业绩的差异在顾客还没有进店时就已经开始了!

赢得业绩第一步——弄清为什么顾客不选择你

这是我某次到某地母婴店市场充当神秘顾客调研时的真实现场情景再现（神秘顾客调查问卷详见附录一）。

我和助理走进一家母婴店。一进门，我们俩就直奔一款男孩的衣服，感叹说："哇，这件小衣服好漂亮！"然后扭头问导购："这款最小的多大码？"导购说73码。我皱着眉头嘟囔了句："我儿子穿73码好像有点大了。"导购无言，默默跟随着我们。

接下来，我和助理在店里又转了一会儿。看到一款女孩用的小包，我们俩拿起来端详，说这个包真可爱，可导购并没有反应。

> **诀窍一点通：**
> 顾客为什么没有选择你？先想想，是不是自己先放弃了顾客。

我们看的第三件产品是鞋子。我拿起一款白色的休闲小皮鞋给助理看，还特别强调以前给大儿子就买过这种鞋子，好看又好穿，现在可以买给小儿子穿。然后，我又问："鞋子多少钱？"结果，导购不知道价格，开始翻鞋底。我忍俊不禁，开玩笑说："是不是你们老板把底价写在鞋底上了？"导购赶紧说没有。我又问:"鞋号有没有大一点点的?"导购说没有。

最后,我们走到的是辅食区。我问:"六个月大的宝宝可以添加什么辅食呀?"导购给我推荐了一款牛初乳。我指着牛初乳上面的"固体饮料"四个字,问:"为什么写的是饮料啊?这么小的孩子不适合吧?"导购无语,说了一句"都是这样写的"之后,就顾左右而言他。

结果,我们没有成交。

我和助理走入另外一家母婴店,直奔奶粉货架。

我拿起一罐奶粉,问导购员:"奶粉多少钱?"

一个导购员走过来,说:"400多。"

我问:"400几?"

导购说不知道。

我诧异:"不知道价格,你们怎么卖奶粉呀?"

导购笑眯眯地说:"那么多奶粉,我怎么记得住?"

我苦笑,只好问:"那我要买奶粉的话怎么办?你是401元卖给我,还是499元卖给我?"

她说:"没事儿,电脑知道价格。"

我开玩笑:"那你们老板雇电脑得了,干脆不要你们好啦。"

导购不好意思地一笑。

我见状不再纠结价格,问她:"不说价格了,反正都差不多。我看这个牌子有两个系列,我不知道该给孩子买哪个系列,它们有什么区别啊?"

导购说:"价格不一样。"

我无语:"除了价格不一样,其他都没区别?"

导购犹豫了一下,干脆扭头说:"要么,你买另一款奶粉吧。"

我瞠目结舌……

也许,上面的场景会让有些人感觉不可思议:怎么会有这样的导购?这也太不专业了。但事实就是如此,以上是我在门店调研时遇到的真实情景的再现。而且,这两家门店隶属于当地赫赫有名的大型连锁品牌。

我们先来看看案例一。

第一,我们走进门店,直奔一款男孩衣服而去,感慨衣服漂亮,其实已经说明,我们是为小男孩采购。

当时,我们因为尺码问题没有成交。我只说了句73码好像有点大,导购就没有做进一步的需求探寻和推荐。其实,导购应该问问到底是给多大年龄的孩子买,因为73码其实已经是很小的码数了。如果询问的话,她就会知道,我是为6个月的小儿子买的。对于6个月孩子来说,73码虽然略大,但也没有大到离谱的程度,毕竟是外套,需要稍大一些。而且,小孩子长得快,衣服讲究买大不买小,73码可以春天穿过,秋天接着穿。所以说,成交并不是问题。可惜的是,导购直接放弃了。

第二,我们说小女孩的包包好可爱。

此时,同样是销售机会。明智的导购应该附和赞美此款包包的可爱之处,同时询问我是为自己的小孩儿选还是想买来送给别人,孩子多大。如果我表明只是觉得这个女孩款的包包可爱,其实我家里有个6个月大的男孩,导购也应该向我推荐,他们还有其他男款的包包,并根据我孩子的年龄为我连带推荐店铺相应的产品。例如,我刚看过的6个月小孩儿可以穿的衣服、鞋子、辅食用品类的,都可以向我推荐。但是,导购选择放弃了。

第三，我们看中了一款男孩的鞋子，我还特别强调大儿子小时候穿过一模一样的，很好穿，这是不是一个很好的销售机会？顾客对产品有了解，只是要再次购买。可是，仅仅因为没有其他鞋号，又没有成交。

导购并没有问我是给多大的小孩购买的。我说了一句好像大了一点儿，她就放弃了。其实，如果她前面问过我，知道我是给6个月大的小儿子买的话，她就会知道，这个鞋号对于半岁的孩子来说其实一点都不大。而导购的选择是直接放弃，因为她根本没有询问我的需求，不知道我给多大年龄的孩子买，只是被动地跟着我而已。

退一步说，即使这一款鞋子真的是号码大了，而且这款也没有更小的尺码，也不代表门店其他款的鞋子就没有稍小一号的，推荐另一个相似款式但有充足尺码的鞋子，不也可以增加成交的概率吗？很遗憾，我们没有看到导购有下一步的动作。

第四，关于辅食添加的问题。

我们针对"6个月的宝宝可以添加什么辅食"征询导购的意见时，导购的推荐是牛初乳，宝宝的第一口辅食是否适合添加牛初乳姑且不论，导购对牛初乳产品的专业度和销售技巧更是让人汗颜。

再来看看案例二。

这家店的导购主要存在四个方面的问题：一是对价格不熟悉，二是对产品不熟悉，三是对产品没有信心，四是没有抓住顾客的核心需求。

即使是导购真的不知道该产品的价格，第一反应也应该是歉意回复："不好意思，这个价格我马上帮您查"，而不是直接推给电脑，说电脑知道。既然电脑都知道，那请问要导购做什么？

上述的两个导购之所以没有实现成交，主要出于两个方面的原因。首先，他们连最基本的服务标准流程都没有做到，不能根据顾客的心理需求进行深度探寻，并提供有针对性的推荐。其次，他们对产品不熟悉，对专业知识不熟悉，进而对品牌和产品没有信心，更谈不上客单价和连带率[1]，成交就更是遥遥无期的事情了。

也许，有的伙伴会问：为什么这样的导购所在的店铺还是有销售呢？很遗憾，那只是自然销售的结果，而损失的销售机会可能数不胜数，门店本可以做得更好。

锦囊一：成就业绩第一步，做好基本功

作为一名销售人员，如果自己都对自己销售的产品不了解，那么何来"顾问"一说？又如何能够给顾客以专业的建议呢？即使能说出几句，可前面的表现已经证明了自己的不专业，那顾客还会信任你吗？

锦囊二：专业走在先，才有话语权

一个专业的导购，应该是从形象、礼仪、言行等方面处处体现自己的专业度。没有专业度，就没有话语权。

这其中包括：

1. 形象礼仪专业

导购要穿着适合品牌定位的服装，佩戴适合品牌定位的饰品，同时保持发型、妆容、举止、语言优雅端庄，态度温和有礼。

2. 基础知识专业

导购对店铺产品的价格、款号、尺码、畅滞销款库存、工艺、配方、面料知识、产品卖点知识等要熟知于心。

---

[1] 指销售件数和交易次数的比值。

3. 推荐能力专业

导购能够根据顾客实际需求进行有效的推荐。

4. 沟通能力专业

导购能够熟练掌握销售产品的 FAB[①] 技巧、说服顾客的技巧等。

5. 顾客异议处理专业

导购能对顾客经常提出的异议进行有效处理。这些异议包括太贵、太普通、有没有质量问题、能否打折、可否送赠品等。

6. 服务态度专业

不管顾客最终成交与否,导购能始终如一,不卑不亢,热忱服务。

锦囊三:信心出业绩,恒心成就你

如果自己都对自己的品牌和产品没有信心,顾客怎么会选择你呢?顾客会认为,这里大有猫腻。

信心从哪里来?源自于你对产品的熟悉和了解,对于顾客需求的把握,对于销售行业的热爱。如此种种,方能成就你的销售自信心,从而成就冠军业绩。

欧阳寄语:专业走在先,才有话语权。

[①] FAB 是 Feature、Advantage 和 Benefit 三个词的缩写,分别代表属性、作用和好处。FAB 技巧就是按照这样的顺序来介绍,是产品介绍的结构,它达到的效果是让客户相信你的产品是最好的。

进店率——为什么别人家客流很多,自家却等客上门

案例

贝贝母婴店的林老板最近很苦恼。

林老板的店所在的位置号称当地母婴一条街。整条街上大大小小的母婴店有十几家。选择同行集中的商圈开店,利弊都非常明显。好处就是,确实有很多有明确需求的顾客直奔到这条街来;坏处就是,往往眼睁睁看着竞争对手在做生意,而自己的店铺,明明是新装修的大店,却门可罗雀,客流稀少。

林老板现在就品尝着这样的苦涩。眼看着每天来来往往在这条街上穿梭的人并不少,可多数都是伸头在店铺门口瞄上一眼,就急匆匆地去了下一家。一时间,林老板急火攻心,如热锅上的蚂蚁,觉得自己今年的事业运实在不好。

> **诀窍一点通:**
> 很多老板喜欢把生意不好归结于运气不好。而事实上,运气是由自己来决定的,并受自身能量场吸引的。

这天,店里主要经营的某奶粉品牌的厂家业务郭经理上门了,林老板像抓住了救命的稻草,赶紧请郭经理帮自己出出主意。郭经理四处打量了一圈,笑着对林老板说:"林总啊,恕我直言,如果我是顾客,我也不进你家的

销售篇 | 提升成交率，打造母婴旺店需要向顾客要业绩

店。""为什么呢？"林老板有点丈二和尚摸不着头脑。

郭经理提出了两点意见。

一是灯光。

林老板的店在装修时设计了很多射灯，但为了省电，通常在人少的时候只开一半。这样一来，从马路对面看过来，店铺里面光线昏暗，视物模糊，一点都吊不起人们的胃口。

当郭经理问到这个问题时，林老板急忙解释道："是这样的，我给他们规定，中午的时候可以把灯关掉一部分，傍晚再开……"看着林老板着急的样子，郭经理摆了摆手："林总，先听我说完。我知道您是为了节约，想恰当地利用光源，但您知道，店铺里的很多员工并不能掌握好这个分寸。相比之下，隔壁的店铺就亮了很多。"

二是人员。

"店铺里面空空荡荡的，看不到导购。"

"不会吧？我们每个店铺的人手可是非常充足的。这个店是大店，总共有十个人，分成两班，一班有五个。"林老板惊讶地说。

"是的，人员配置是不少，但不知道是不是安排得不到位，在外面看着店里面空空荡荡的。我想，如果我是顾客，肯定会以为这家店要关门不做了，或者没有一点生意，裁员了，才会这么冷清。进店之后，我才发现，有导购，而且还不少，但没有一个在靠近门口的地方。有两个在收银台前面趴着聊天，后来从仓库又出来一个。当我走出店面的时候，有两个穿着店里工作服的导购一起说说笑笑地走进来，可能是她们两个一起去洗手间了。即使是在店铺的员工，也丝毫不在工作状态，不是在靠着货架发愣，就是在收银台后低头剪指甲。来了顾客，也是有一搭没一搭地放下手中的事情，漫不经心的一声'欢迎光临'迎上去，往往顾客待不了两分钟也就走出去了。没办法，店铺的氛围和感觉让顾客不舒服。"

一番话说得林老板频频点头，豁然开朗。

其实，上述案例中的情况是我们在卖场中可以经常看到的。明明看到竞争对手的门店客流很多，自己家却等客上门，这是怎么回事儿呢？很多时候，也许我们需要走出店铺，以一个局外人的身份，来重新审视一下自己的店铺。影响顾客入店的因素有很多，如视觉、听觉、嗅觉、感觉等。

视 觉

店铺的灯光，店铺的陈列，店铺的色彩，店铺的人员状态，这些组成了店铺的视觉能量场。这个视觉能量场决定着顾客从外面看，觉得我们的店铺是一个正规的高档门店，愿意信任，愿意进来；还是一个杂牌的低档门店，即使进来，也扭头就走。

听 觉

有些店铺过于冷清，顾客进来只听得见脚步声，太过寂静的环境会让人不自在，无法放松，感觉自己的一言一行、一举一动都处于被监控当中。而有些店铺太过喧哗，过于震耳的音乐声，大声吵闹的声音，也会让人心情烦躁，感觉不适，以至于顾客不愿意在店铺里面做过多停留。所以，轻柔的音乐，愉悦的声音，是能让人放松和留住脚步的环境。

嗅 觉

像婴儿奶粉、婴儿辅食等婴儿入口的食品，往往是母婴店的标配。这类商品所在的陈列环境，更应该是洁净的，甚至略带一点自然的甜香味道。而有的店铺本身的卫生状况就很不乐观，还留有清洁死角。这样的环境，更容易让身处其中的顾客产生不佳的联想。这样一来，成交自然就很难达成了。

感 觉

感觉是视觉、听觉、嗅觉、触觉等综合而成的。它对于顾客进店的影响,具体表现在以下几个方面:一是是否愿意进来;二是是否愿意待下去;三是是否愿意在这里购买产品,并成为其长期顾客。

锦囊一:扩大我们的能量场

店铺的客流是可以改变的,可以被吸引的,而非靠他们自动送上门。但这一切要看我们如何做,是否有足够的能量场吸引顾客入店。

在门店中,卖场是有能量的。这个能量可以辐射到店外,去影响客流的走向。那么,门店的能量场究竟是由哪些部分组成的呢?整洁优美的环境,琳琅有序的产品,抢眼的创意橱窗,忙碌热闹的氛围和积极热情的导购。它们组成了店铺的人气,吸引着无数的能量。

不少顾客都存在着从众心理。如果某家卖场里面人头攒动,店员们应接不暇,他们就会认为,这家卖场有人气,这里的东西应该不错。于是,自己也会不由自主地进去看一下。

此外,员工的状态、员工的配合、卖场的及时补位和换位、货品的陈列等,都直接会影响顾客是否愿意进来,是否愿意在店里多停留一段时间。试想一下,如果看到店员面无表情,目光呆滞,我们还会不会有心情去店铺里面转一转?同样的,顾客也不会。

创意的卖场陈列,尤其是抢眼的橱窗陈列;忙碌而热闹的卖场氛围,都是从感官出发吸引顾客入店的最直接的方法,都是营造门店强大能量场的重要组成部分。

锦囊二：时刻准备着

我们常听见导购抱怨："我宁愿忙一点，也不愿闲下来，因为一闲下来，我反而不知道做什么才好了。"这句话充分暴露了许多导购的弱点，即他们不懂得如何去利用空闲的时间。

遇到这种情况，应该处理好自己的心情，安排好空闲时间的工作。比如，可以利用这个闲暇整理一下货品，看看哪款货物比较好卖，哪款货物需要补充，然后不间断地整理陈列，补充货品等。

导购应随时做好迎接顾客的准备，无论客人什么时间来到货区，都可以为顾客提供最好的服务。这样，顾客一到，他就可以马上进入角色了。这点对于塑造顾客容易入店的气氛至关重要。

锦囊三：以小见大吸引客流

我们还可以在自家店铺门口摆几台摇摇乐或弹弹球自动售卖机等。这样，从店门口路过的孩子就可以通过投一个或几个硬币的方式，来玩自己喜欢的游戏。体验过这些游戏之后，孩子可能就会好奇心大增。既然门口都这么好玩，店里面一定更好玩。这样，孩子被成功地吸引进店，而留住孩子就留住了大人，作为主要付费群体的成人也会随着孩子进入店中。

欧阳寄语：正能量方能吸引旺客流！

销售篇 | 提升成交率，打造母婴旺店需要向顾客要业绩

深度接触率——为什么顾客在店里进进出出却留不住

案例一

　　导购肖肖正在忙碌。一看到有一位三十多岁的女顾客进来，她想起今天早上老板说过要热情接待顾客，就赶紧放下手中拖把，笑容可掬地迎上去："大姐您好，欢迎光临！"

　　顾客看了看她，没反应。肖肖心里直打鼓。

　　看顾客对她的热情招呼没反应，赶紧又加倍地热情推荐："大姐，我们这边有新到货的玩具，挺不错的，您看看？"顾客没理她，慢慢地走到了奶粉货架旁。

　　肖肖赶紧又推荐："大姐，我们家奶粉也挺好的，都是正品，有质量保证，而且吃了不上火。国际品牌、国内品牌的都有。"顾客顿了下脚步，来到了婴儿装货架前。

　　肖肖赶紧说："大姐，我们家的婴儿装不错，都是纯棉的，我打开给您来看一下？"顾客再度瞟了她一眼，干脆径直走了出去。肖肖只好无奈地跟在后边鞠躬说："谢谢光临，请慢走！"

> **诀窍一点通：**
> 没有了解顾客的深度需求就盲目推荐，就如无头苍蝇在乱撞，结果自然是撞得头破血流。

一时间，肖肖懵了，不知道自己哪里出了错，明明是按照老板的要求热情积极接待顾客啊，来有迎声，走有送声，推荐也是蛮积极的，顾客走过的、看过的全部推荐了啊，为什么顾客越走越快，根本没理她，甚至直接出去了呢？

还没容肖肖进一步思索，又一位顾客走了进来。肖肖赶紧再一次调整笑容，继续上前热情推荐，新的一轮销售又开始了……

看到肖肖受到顾客的打击后，同店的媛媛想："我一定要换个方式，不能像肖肖这样。"

这时，一位男顾客走进了店铺，媛媛略略欠身："欢迎光临，请随意看一下。"这位戴眼镜的男顾客看了看媛媛，微微含笑点头，然后就在店里面浏览起来。

太好了，出师顺利，看来有戏！媛媛心中暗喜，决心按照自己的步伐，不要太积极热情，不要喋喋不休地惹顾客烦，静待出击时机。

一念既定，媛媛就跟在顾客的身后，跟着顾客一起浏览。顾客走到哪里，她就跟到哪里。顾客看到哪里，她就盯到哪里。此时，刚好店铺只有这一位顾客，很安静，一时间，只听到媛媛走路的高跟鞋"哒——哒——哒"的声音，气氛似乎也有点奇怪。没过一会儿，顾客逛完了大半个店铺，就急匆匆地走了出去。

销售篇 | 提升成交率，打造母婴旺店需要向顾客要业绩

分析

案例一中导购肖肖的服务，实际上是在赶顾客走。过分的热情只会让人反感，而没有目的的盲目热情更是犹如买彩票一样，难得有一击而中的概率。

一位三十多岁的女士走进母婴店时，会有很多种购物可能。

第一种，她是孕妇，买给自己。

母婴店有孕妇用的产品，也有婴儿用的产品。如果她是孕妇，而且是给自己买东西的话，那么在推荐的过程中，要注意以下两点：

首先，要给予顾客充分的关爱，请她坐下休息，给她倒一杯温开水，尽量拿取产品到她面前请她选择。这样，不仅可以减轻顾客的购物疲劳，还可以给准妈妈留下良好的购物印象。

其次，多推荐目前顾客急需的孕妇装（如孕妇防辐射服）、孕妇奶粉、孕妇保健营养品等。当然，也可以预先推广一下婴儿车、婴儿床等需要提前准备的育婴产品。

第二种，她是妈妈，买给孩子。

三十多岁的女士来到店铺，给自家孩子买东西是比较常见的。但这里也有个核心问题：她的孩子有多大了？是男孩儿，还是女孩儿？需要什么类型的产品？是奶粉类、辅食类，还是日用品类、玩具类、衣服类？……母婴店产品类型众多，导购需要找到顾客本次购物的核心需求，进行有针对性的推荐。

第三种，她买东西送人。

经常购物的女性顾客都知道，买给自己孩子的和送给别人孩子的东西，是有区别的。

就拿婴儿装来说，买给自家孩子的，只要产品质量好，性价比高，包装无所谓，平装简装都可以，反正回家要洗过才穿，不需要太讲究包装。但送给

别人家孩子的就不一样了,一定要有包装,最好是知名品牌礼盒装的,送人有面子。那么,在这个时候,即使同样是买婴儿装,导购的推荐也一定要有所差别。

案例一中的导购肖肖就没有注意这方面的问题,她什么也没问。顾客什么也没说,导购当然什么也不知道,但这个时候她就直接开始盲目地、喋喋不休地、想当然地进行推荐。结果,当然就是碰壁了。

> **诀窍一点通:**
> 抓住顾客需求进行有针对性的推荐,方能一击而中,直捣黄龙。

这种情况在销售过程中屡见不鲜。

导购,尤其是新手,求胜心切,很容易出现喋喋不休式的推荐。殊不知,其实是你自己在赶顾客走,让顾客没有感受到轻松的购物氛围,当然更不存在什么和顾客深度接触的机会了,因为顾客早就被吓跑了。

另外,再说一个细节,关于对顾客的称呼问题。

通常,为了和顾客拉近距离,母婴店的导购会直接称呼年龄比自己大的顾客为"大姐"。"大姐"这个称呼在若干年前是很流行、很亲热、很能拉近距离的,但在如今某些场合可能就不是很合适了。有些顾客甚至可能会觉得很别扭。为什么这样说呢?我以母婴店顾客的身份来说一下感受吧。

我应该属于母婴店的核心顾客群。原因很简单:我是个典型的二胎妈妈,两个孩子一个 8 岁,一个半岁,他们的东西大部分都需要在母婴店购买,我的年龄也在 35~40 岁,和案例一中的女顾客年龄相仿。母婴店要做好这类消费人群的生意,就要细细琢磨她们的好恶。

那么,35~40 岁的女性最不喜欢什么呢?很简单,时光易逝,怕老!目前,大部分人都觉得 35 岁是个坎儿,35 岁前被人当成不足 30 岁很正常。一旦迈入 35 岁之后，身体还是不断发出信息提醒你，外貌、体形、精力各方面都开始有了衰退的迹象。于是，35~40 岁就变成了一个相当敏感的年龄阶段。这时候，被称呼为"大姐"，心里其实并不痛快。因为传统意义上的"大姐"，让人想起的是 50 岁左右的中年女子。

那么，到底该如何称呼这个年龄段的女性顾客呢？可以参照国内播出的一些综艺节目。比如，某卫视在做真人秀节目的时候，邀请了十来位年龄在十几岁到六十几岁不同年龄段的人气女明星。我们姑且不去讨论节目的内容，先谈谈称呼。节目中，对于年龄比自己大很多的女明星，统一的称呼是"姐姐"。想象一下，如果前边加上一个"大"字，变成"某某大姐"，是不是瞬间女神的仙气顿失？

同样的道理，我们在称呼顾客的时候，如果是比较年轻的导购，遇到年龄不大不小的顾客不好称呼的时候，可以把"大姐"换成"姐姐"。这样要合适得多，既有亲切的感觉，又不会把顾客叫老。

> **诀窍一点通：**
> 服务的本质是愉悦，要让顾客时刻处于愉悦的购物环境中，这样才容易把顾客留住。

案例二中导购媛媛的服务，也是导购经常犯的错误之一。顾客一进来，导购就像探照灯一样，跟着顾客照来照去，犹如防贼一样。试想一下，在这种气氛中，顾客能轻松愉悦地购物吗？

锦囊

锦囊一：挖掘顾客的需求

顾客一进来，导购热情招呼之后，应给顾客适当的空间让他随意浏览。同时，留意顾客的肢体语言，轻声询问顾客的需求：

"您好，请问您是买来送人，还是给自己的孩子买？"

"您好，请问您是想选奶粉，还是想选日用品呢？"

注意事项：

与顾客的站距不少于3步（即约1米开外）。

不要一直专注顾客的身体，而要为顾客提供自然放松的购物环境，并随时留意顾客的需求及动作。

切勿两个导购同时上前紧跟一位顾客，以免给顾客过大的压力（顾客形迹可疑时除外）。

锦囊二：为顾客制造轻松的购物空间

如果顾客说出需求，自然皆大欢喜，针对需求推荐即可。

如果顾客说"随便看看"或者不予回应，就可以说："请随意看，有什么需要请叫我，我是××。"同时，与顾客保持一定的距离，使顾客有足够的私人空间，但要用眼睛余光关注顾客，一旦顾客需要帮助，即可主动上前提供服务。

一般以下情况是顾客有需求的时机：

顾客目光专注于某一商品之时；

顾客表现出寻找导购或商品时；

顾客与导购视线相遇时；

顾客表现出询问的语言或动作时；

顾客随意翻动商品猛抬头时；

顾客翻看吊牌或价格标签时；

顾客将已购大宗商品或纸袋放下时（抱小孩儿的顾客将小孩儿放下时）；

顾客拿取或比试商品时；

销售篇 | 提升成交率,打造母婴旺店需要向顾客要业绩

顾客手触某一商品时(区别于随意翻看商品);

顾客与同伴谈论商品时;

顾客翻看画册、海报、商品吊牌等时;

顾客询问品牌产地等时;

……

在顾客需要帮助时,及时用标准话术询问。比如,"您好,需要帮忙吗?""想要这一款吗?先生。""这款的品质很好,您不妨来看一下……""这款产品是采用了我们……很不错的。"

注意事项:

切忌在顾客刚接触商品瞬间突然发问,这样会吓到顾客。

要细心留意顾客每一个细微动作,积极把握时机,快步迎上前去,敏捷有活力不拖沓。面部表情自然放松,真诚微笑,语调明朗愉悦。

锦囊三:个性开场

寻找顾客身上的个性化之处,适当地用赞美或其他话题开场,有助于打开僵局,打开与顾客沟通的局面。

例如,看到顾客手里拿了很多袋子或东西进来,"您今天大采购啊?买了这么多?先放下来吧,可以慢慢看,拿着太累了。"

例如,看到顾客的指甲做得很漂亮,"您的指甲好漂亮,在哪里做的呀?"

例如,看到顾客抱着宝宝进来,主动对宝宝进行赞美:"宝宝好可爱啊,笑得好甜……"

锦囊四:适时"出击"

喜欢钓鱼的朋友都清楚,在钓鱼的时候,要想钓到那些咬钩的鱼儿,是需要抓住最佳时机的。这是因为,如果在鱼儿还没有完全上钩时就早早地收竿,鱼儿就会被吓跑;如果等到鱼儿把饵都吃完了再收鱼钩,鱼儿早就跑掉了。

同样的道理,卖场琳琅满目的商品,精心陈列的道具,这些对顾客而言都

是美味诱人的鱼饵，而到店铺的顾客，就像是游来游去的鱼儿。他们"闻"到了店铺这些香喷喷的"诱饵"，看到了美丽整洁的商品，都会凑过来，有随手翻看的，有驻步凝视的，有准备询问的，有兴起比画的……

这个时候，导购就要恰到好处地收起"钓竿"，让"鱼儿"上钩。所以，抓住顾客需要帮助的时机非常重要。太早了，会把人吓跑，就像案例一中的导购肖肖；太晚了，也会让"鱼儿"跑掉，就像案例二中的导购媛媛。

欧阳寄语： 己所不欲，勿施于人，不要吓走顾客！

成交率——为什么口舌伶俐、话术连篇,但就是不成交

田姐是店铺的老员工,以口舌伶俐著称。凡是店铺里来的新人,都是用膜拜的眼神跟着田姐转的。可今天,田姐这个"老江湖"在销售上也遇到了难题。

进店的是一位中年女士,边打电话边走进店铺,看上去行色匆匆。一进店铺,田姐赶紧上前招呼:"您好,欢迎光临!"女士看了一眼田姐,微微点头后又开始通话。

田姐热情询问:"请问,您今天想选点什么?我们现在搞活动,买300送60哦。"女士这次没回头,几句话就结束了通话。

田姐赶紧说:"现在店铺有促销,很划算,这边奶粉区、服装区、玩具区都参加活动的。我帮您推荐一下吧。"女士没说话,收起电话,在奶粉货架前开始浏览。

田姐赶紧拿起一罐奶粉:"这个牌子的奶粉很不错,添加有DHA[①],能促进小孩子的大脑发育。您的小孩儿多大?"女士面无表情地说:"上初一了。"

---

① DHA即俗称的"脑黄金",是大脑和视网膜的重要构成成分,对胎婴儿的智力和视力发育至关重要。

田姐一愣："哦，那您是买来送人吧？送人这款也不错，很多小孩子都吃的。"女士冷冰冰地回了一句："我从来没说我要买奶粉送人。"

能说会道的田姐一时迷茫了，不解地问："那您是？"女士没好气地问："孕妇奶粉在哪里？"田姐恍然大悟，狐疑地打量着说："啊？您怀孕了？不会吧？真的假的？看不出来啊！"顾客面露不悦。田姐赶紧用手指引："孕妇奶粉在这边，您请。"

诀窍一点通：
当顾客表明自己的孕妇身份时，作为孕妈妈这样一个特殊群体，导购一定要给予更多的关心体贴和照顾，询问她是否需要休息喝水等，然后再进行推荐，而不是毫无反应，只关心售卖自己的商品。

田姐把顾客带往奶粉货架的另一端，开始热情介绍每种品牌孕妇奶粉的不同，从牧场、工艺、配方、品牌说起，滔滔不绝。一看到旁边的新员工佩服地看着她做销售，田姐说得更起劲儿了，一时间口沫横飞，专业名词一串一串地蹦出来。

正在此时，顾客的电话又响了，她不耐烦地接起电话："我知道了，我马上就好。"田姐一看顾客放下电话，继续介绍产品特性。顾客微皱了下眉，打断她说："我都知道了。还有什么推荐的吗？"

田姐咽了咽口水："您听我说完，我们这套话术是很权威的，厂家专门给我们培训过，可以有助于您更了解我们的产品。"顾客不耐烦地说："我没时间。你说这么多，到底我适合哪一款？"

田姐一看不妙，赶紧随手拿了一款单价最高的说："这款吧，这款您比较适合。"顾客一看价格，冷笑着说："只是价钱适合吧？"

田姐赶紧又换了一款便宜的:"这款性价比不错。"顾客再一看:"你刚不是说这款不好吗?"

田姐一下子慌了,又换了一款:"这个真的没得挑了,最适合您不过。"顾客看了看,双手抱胸,说:"你们这里就只有这三种,原来每种都好啊!"

一贯伶牙俐齿的田姐突然卡了壳:"也不是,确实都挺好……"

"你们这里也太不专业了吧?导购都是乱推荐的。我哪敢在你们这里买东西啊?"说罢,顾客扭头就走出去了。

一时间,剩下田姐和新员工大眼瞪小眼。

好一会儿,田姐才舒了口气,强撑着面子说:"这个人是来捣乱的,根本不是来买东西的,不用理她。"新员工似懂非懂地点了点头。

这个案例中的情况在卖场中非常常见。案例中的田姐,也是我们通常说的有经验的老员工,产品知识过硬,有服务意识,口齿伶俐,似乎挑不出毛病。但其实,她刚才的销售过程中可谓是问题多多。

开场时机

顾客一进门,田姐就热情招呼"欢迎光临",这是没错的。但是,紧接着有另一个特殊情况——顾客正在打电话。可以设想一下,当你打电话的时候,是不是希望周围环境尽量安静,不要干扰到通话?此时,顾客更无暇分心来应付销售人员的话语。所以,和顾客打完招呼之后,田姐最应该做的,是安静等顾客把电话打完,再进行沟通。给顾客一定的空间和时间,反而会更好。

而案例中呢?田姐是在顾客一进来之后,不考虑顾客需要什么,一味考虑自己想说什么,在顾客通话期间还在询问和介绍,这分明是有些没有礼貌的。案例中的顾客虽然没说什么,但是没回应她,快速结束通话,其实也表示了对她这种服务方式的不满。有此源头，顾客对导购的第一印象不好，导致了后续沟通的难度加大。

需求挖掘

当顾客放下电话后，田姐没有深度挖掘顾客的需求，就开始进行想当然的推荐。

要知道，在母婴店，产品品类不可谓不多，面对琳琅满目的产品，顾客到底需求的是什么？能一语中的，推荐到顾客的心坎上，是非常重要的。可惜的是，案例中的田姐看到顾客走到奶粉货架，就想当然认为顾客是给自己的孩子买奶粉，开始推荐婴儿奶粉，结果却并非如此，由此再次加剧了顾客对田姐的不信任。

适度赞美

最初，田姐以为顾客是给自己的孩子买奶粉或买奶粉送人，说明顾客至少看上去挺年轻。那么，对于其实已经不太年轻的中年女士而言，能被人看着年轻也是一件自豪的事情。

所以，如果田姐能够在顾客表示孩子已经上初一时，多一些赞美："哇，您看上去这么年轻，孩子都已经这么大了，真看不出来"或者是"好羡慕您哦，身材保持这么好"……类似这样的话语，顾客一定会在心里暗暗开心。顾客心情愉悦，接下来的沟通就容易多了。

贴心关爱

当后来顾客表示是给自己买孕妇奶粉时，我们来看一下田姐的反应。

因为跟自己最初的设想有出入，田姐表示了非常的惊讶，却没有对顾客是孕妇这个事实做任何细节性的补救性工作。

既然知道顾客是孕妇，而且还是高龄孕妇，还在早孕期，那么身体有不适，情绪有变化都是正常的，她更应该加倍体贴关爱顾客。例如，贴心地询问有无反应，身体感觉怎么样？是否需要休息喝水等？相信有了这些细节的关爱，和顾客之间的距离也会更加拉近。

可以说，以上几点销售中的重要环节，田姐都没有做到，她做得最多的是彰显自己的能说会道和专业知识，自说自话，滔滔不绝，而完全没有想过顾客想听什么。所以，最终没有成交也是再正常不过的了。

锦囊一：说得多不如说得少

在卖场上，田姐这种类型的导购太多，表面上看来工作很努力，跟顾客介绍起来嘴巴不停，唾沫横飞，但实际上，因为方法不得当，往往收效甚微。导购说得多不如让顾客说得多。顾客说得越多，我们越能明白顾客心里想的是什么，要的是什么，推荐起来才能够有的放矢，事半功倍。

销售中最忌讳的是，销售人员一味喋喋不休，而不管顾客是否听了进去。与其自己说一堆毫无用处、没人感兴趣的话，不如巧问少说，尽量引导顾客多说话，从而更好地挖掘顾客的深层次需求，找到顾客的买点，进而更好地推荐。

高调的顾客，之所以高调，是希望别人看到他高调的资本，那么我们也要投其所好。而低调的顾客，要的是平实和体贴，我们就要以更细致的服务来赢得顾客的满意。

有急性子的顾客，也有慢性子的顾客；同样，有高调的顾客，也有低调的顾客。要用快节奏应对急性子，以拉家常面对慢性子。销售如水，如果想赢得更多顾客的心，让顾客记住，甚至认准，那必须要让自己如水一般，遇方则方，遇圆则圆，站在顾客的频道，真正设想顾客此时的所需所求。

锦囊二：与其示强，不如示弱

顾客到底要的是什么？一种心理上的平衡，一种满意的感觉，而并不一定非得要一个具体的可以量化的结果。

很多强势的导购，在和顾客沟通的时候，时时处处都要证明自己是最正确的，自己是最专业的。固然，这一招非常适合不具备专业知识且没有主见的顾客。但是，如果我们遇到的是强势而又理性的顾客，这样做只会让双方针锋相对。此时，导购不妨放下自己的专业，用自己的示弱、请教、轻声询问等，来赢得顾客的好感。

所以，不一定事事非要证明自己是正确的，按照自己的套路走。通常，即使证明了自己是正确的，事情的发展态势也不一定朝着预想的方向发展。如同案例中，顾客已经表示了不想听田姐喋喋不休地介绍她的话术，田姐却坚持要说完，实在是不明智的选择。

锦囊三：读懂顾客释放的成交信号

1. 议价格

顾客和我们谈论价格时，代表他已经对这款商品有了购买的意向，所以才会关心这款商品的价格。

2. 提意见

有时，顾客会说："你们这个包装可以更好看些。""你们这个什么都好，就是颜色一般。""给你们老板提个建议，你们店里的灯光太刺眼了。"

如果顾客用诸如此类的挑剔话语提意见时，代表的就是顾客已经对店铺或这款商品感兴趣了。就是因为他感兴趣，把这款商品跟自己期望中的完美标准进行比较，所以才会有这样的意见提出。

3. 挑剔货

俗话说，嫌货才是买货人。当顾客频频对商品鸡蛋里挑骨头，评头论足表达不满时，多半是他已经对商品有了购买的意向，挑剔不足的目的也只是为了下一步的议价，尽可能为自己争取利益。

销售篇 | 提升成交率,打造母婴旺店需要向顾客要业绩

4. 问促销

每位顾客都希望自己能够用最便宜的价格买到最好的商品。俗话说,买卖不一心。顾客询问促销也是为了能够让自己得到更多的实惠。

5. 要优惠

当顾客说出"再优惠一点,我们就买啦""有什么赠品送啊""多买可不可以再优惠一些"等话语时,都意味着顾客从心底里已经认定了此款商品,才会谈论优惠条件,想找到价格底线。

6. 询售后

只有内心决定购买此款商品的顾客,才会关心产品售后有无保证、产品保养、使用期间的维修等问题。所以,如果顾客和我们谈论到售后的环节,那么,可以恭喜自己了,离成交已经不远了。

7. 集建议

有时,顾客会征询导购或其他顾客或自己同伴的意见:"你觉得怎么样?""到底哪一个更适合我?"或者是"你觉得哪个更好?"当顾客问出此话时,很多时候他只是为了要一个心理认同,事实是自己已经基本认定该商品了,只需要背后有人推一把而已。

8. 谈付款

当顾客询问"能否刷信用卡""可以用支付宝吗"等类似问题时,他的意思就是"我已经决定了,只待付款"。此时,直接成交就好啦!

9. 笑"投降"

有时,当我们滔滔不绝为顾客介绍完产品后,顾客会笑着说:"我服了你啦,你太能说啦!"或者是"我投降,我说不过你。"这些都代表着顾客对我们和产品的认可。此时,成交就在眼前。

10. 爱不释手

顾客是很有意思的。为了议价,顾客可以有很多种挑剔,嘴巴上一万种不

满意和不情愿，但往往他们的肢体语言会无声地出卖他们。比如，嘴上说这个东西不好，事实上爱不释手，一直没舍得把产品从手里拿走，一直在端详。这就是顾客内心想购买的真实动作表现。

11. 脚不动

当谈论价格已久，却没有结论的时候，顾客也会说"走"来吓唬导购，以便获取最大程度的优惠，为自己争取最大的利益。但有的时候，所谓的"走"并不是真的。顾客明明嘴上说走，上半身也转过去了，脚却迟迟未动。就是这丝毫未动或迟迟不动的双脚泄露了顾客的内心，其实他根本舍不得抛弃这件商品，只是嘴上说说而已。

12. 眼发光

眼睛是心灵的窗户。当顾客原本平静的眼神突然发亮的时候，说明顾客已经下定决心购买自己心仪的商品。我们如果此时出击，是没错的。

锦囊四：挖掘顾客的买点

在和顾客沟通的过程中，很多时候，顾客无意中透露出来的需求都代表顾客的买点，即他此行购物最关注的点、最重要的需求。这时，我们就要根据顾客的言谈找到买点，进行推荐。

在销售的过程中，往往到最后没有成交的时刻，顾客给予我们最多的理由，就是"价格"。因此，很多销售人员认为，之所以没有成交，不是自己的问题，而是公司产品价格太贵了。其实，我想说，顾客说价格贵，往往只是一个假象。很多时候，顾客走出我们的店门，到了竞争对手那里，完全有可能选择了更贵的产品。顾客表面拒绝的理由，其实绝大部分并非真正的原因。

那么，这个时候顾客说的"价格"，到底是什么意思呢？它往往代表的是，顾客觉得我们的服务不值这个价格，店铺综合感觉不值这个价格，或者想试探我们一下，这个价格还有多少水分，是否可以探到底价。所以，我们要多观察顾客的行为，找到顾客内心真正最关心与在乎的点。

例如,顾客问"有没有好一点的",说明顾客关心的是产品的品质等细节。那么,我们推荐时,一定要多强调自家产品的优良品质。这个时候,如果一味地强调价格划算,正在促销,只会让顾客反感。

像上述案例中的顾客,她的买点其实是哪一款孕妇奶粉更适合她。在她心里,适合最重要,不关乎价格和促销。所以,接待这位顾客时,田姐其实应该着重挖掘顾客的需求,贴心询问顾客孕后的身体状况和平时的身体状态,有目的地侧重某方面营养元素的补充,等等。如果这样做,相信成交的概率会高很多。

俗话说,一个买点胜却十个卖点。也许那十个卖点顾客都不感兴趣,我们说了也等于白说,只是徒劳无功罢了。但是,买点是顾客最关心的,也是这件产品真正吸引他的地方,更是最有利于直入顾客心的点。所以,找到买点后,就要不断地强化它,使之深入人心,从而成交。同时,我们还可以深入挖掘与买点相对应的关联商品,进行连带销售,从而促成一系列与买点相关的产品链推销。

欧阳寄语:说顾客想听的,而不是说自己想说的。

客单价——为什么满头大汗、费尽口舌，却只成交一两件

大清早，导购素素正一个人在店里忙碌，门口进来了一位顾客。这位顾客像是一位年轻妈妈，看样子刚去超市买完菜回来，手里拎着大包小包。

素素见状赶紧上前热情招呼："早上好，欢迎光临！"顾客友好地冲素素点了点头，开始在店铺浏览起来。

素素走到顾客旁边，热情地说："您好，您需要什么？我们现在有很多产品，我可以帮您推荐一下。"顾客说："我随便看看。"素素点点头，笑眯眯地说："可以呀，您可以随便看呀，买不买没有关系的。不过，我们这里东西挺多的，很多顾客来都是买一大堆的哦！"顾客扭头看了她一眼，微笑着说："是吗？我今天只是看看。"素素说："好啊，好啊，您随便看。我们这边有奶粉、辅食，那边有玩具、衣服，这里还有很多日用品、护肤品、尿不湿、湿纸巾那些都有的，大牌的、中档的也都有，想选什么都很齐全的，您随便看，看需要什么。"顾客点点头，没说什么，只是继续浏览。

素素一时有些着急，看顾客走到了日用品货架前，就赶紧推荐道："现在马上入秋了，买点滋润型的婴儿面霜是最合适不过的了，刚好天气干燥，可以滋润。夏天我们可能用不着，现在天凉了一定少不了的，这是刚到的新货。护

臀膏也不错,很多顾客都说宝宝用了就没有红屁股了呢。还有爽身粉,也是家里一直缺不了的,洗完澡用上,香喷喷的。我们的产品都是不含滑石粉的,纯天然的。对了,还有新到的沐浴露……"

没等素素说完,顾客就打断了她,随手拿起一盒爽身粉,问道:"这个多少钱?"素素拿起看了一下标价签,说:"28块。"顾客皱了皱眉头:"这么贵?"素素说:"不贵啦,我们这里还有更贵的呢,要30多块钱一盒。现在大家基本上都只有一两个小孩儿,作为家长,一定要给他用好东西。当然,几块钱的东西也有,不过用过就知道了,一分钱一分货,东西肯定不一样。我们大人买个几千块的苹果手机都不眨眼睛,给孩子买几十块的东西就觉得贵?很多顾客都说,哪怕大人省点儿,也要给小孩子用好的呢。"

> **诀窍一点通:**
> 导购引导消费者时,要注意引导的时机。在顾客还没有对我们充分认可,双方还没有深入的交流,导购不知道顾客明确需求的时候,就开始引导顾客,实在是不明智的行为。

顾客似笑非笑地看了看素素,张了张嘴,似乎想说什么又没说。

素素一时心里有点打鼓,继续动用浑身解数游说顾客:"真的,给自己孩子,一定要用最好的,不会有乱七八糟的隐患。万一东西不好,孩子用了起红点或疹子怎么办?到时候还是小孩遭罪,大人心痛。所以呀……"年轻妈妈不耐烦地打断了素素:"拿一盒吧。"素素惊喜过望,脆生生地答应了一声"好嘞",就从货架上帮顾客取出一盒新的,然后请顾客到收银台埋单。

"您好,这是您的小票,您收好。您选的产品总共是28块,收您30块,找您两块,请拿好。"素素一本正经地按照公司培训过的标准收银流程话术操作着。顾客收好零钱,素素又问:"请问您还需要其他什么产品吗?"顾客头也不抬地说:"拿这么多东西,累死我了,不用了。"素素点点头说:"谢谢光临,请慢走!"

故事还没有结束。

正在这时,店长小王从公司开会回来了,刚好在店铺门口看到顾客从店里走出来。小王走进来赶紧问素素:"怎么样?开张了没?"素素得意扬扬地说:"当然!"小王问:"多少?"素素有点不好意思:"28块。"小王问:"就买了一样东西吗?你没推销点别的?"素素着急地说:"有啊,介绍了好多,费了我好多口水,顾客不买我也没办法啊,可能她不需要吧。"看着素素满头大汗的样子,小王也没多说什么。

> **诀窍一点通:**
> 附加推销的时机和方法不对,就是无效的附加推销。

忽然,小王看到顾客走进了斜对面的母婴店。素素也看到了。素素不服气地说:"这个顾客不是诚心买东西的,肯定马上就出来。"结果没想到,顾客在斜对面待了二十分钟。最后,对面的店长笑容可掬地帮顾客提着大包小包的东西,还有一箱奶粉、两包纸尿裤,一起出来了。而且,那个店长正招呼他们店铺的新员工帮顾客送货上门。

此时,素素傻眼了:"怎么可能?刚才我那么热情,她都不买,也很小气,怎么现在这么大方?买这么多?"小王深深地看了素素一眼,说:"来吧,我们来复盘一下。刚才顾客进来到底具体是什么情况。"素素惭愧地低下了头……

分析

在销售工作中,类似的情况屡见不鲜。销售人员也很郁闷:"我把嘴皮子都磨破了,顾客就是不买,或者只买一点点。我好话说尽,累得口干舌燥,为什么都说不到顾客心里呢？是不是我话说得还不够？到底顾客在想什么？为什么人家做大单都那么容易，我累死累活还完不成销售任务？"

其实，很多时候，不是因为我们话说得不够，而是因为话太多；不是因为说不到顾客心里，而是根本没找到顾客的心理需求在哪里。

我们先来复盘一下刚才素素的案例。

首先，顾客一大早进店，明显是有明确需求才来的。

其次，顾客买完菜，提着大包小包地过来，说明肯定是家住在附近的，很有可能发展成老顾客。

再者，顾客明显是一位年轻妈妈。那么，这个时候，家有小宝贝，需求肯定是很多的，而且绝对是刚需顾客。

综上所述，这位顾客绝对是有刚需的潜在长期顾客，而且今天有明确的购物需求，绝对需要百分之百地认真对待。

下面，我们来看一下素素的表现。

迎宾语

在这一点上，素素做得还是不错的。顾客一进门，她就热情地打招呼。

寻　机

在寻找引导顾客的机会方面，素素也有所表现，只是做得远远不够。

顾客进来明显手里拿着大包小包很吃力，这时，素素做了什么呢？只是站在自己的立场上，赶紧给顾客推荐产品，却丝毫没有考虑此时顾客的感受。如果我是顾客，肯定巴不得导购说："您拿这么多菜，太累了。来，先放收银台这边吧，轻松一点儿再慢慢选。"这一点，显然素素没做到，或者虽然看到了，但没放在心上。

推　荐

推荐的前提，是先了解顾客的深度需求，再进行有针对性的推销。

在这方面，素素做得很蹩脚。她并没有询问顾客是否是给自己的孩子买，孩子有多大，这次主要是需要食品类还是日用品，等等，就开始没有目的性、遍地撒网式的推荐。

要知道，推销时像没头苍蝇一样乱撞，把款款产品说得都很好、很适合顾客，反而会让顾客反感。因为，每个人在心中都希望自己是独一无二的，自己的需求也是独特的。如果全店款款产品都好，款款产品都适合，反过来说，哪款都不是她认为的、最适合她自己的产品。

议价

虽然素素的推销很蹩脚，毫无针对性，滔滔不绝、唾沫横飞也没说到点子上，但还好，顾客还是选了最急需的一样产品——爽身粉。但是，在这款产品的价格上，顾客有了异议。

严格来说，这位顾客并不是故意刁难，也没多说什么，只是在销售人员报完价后随口说了句"贵"。这是很正常的，几乎99%的顾客都会这么想。这是因为，顾客和商家立场不一样，他们永远会觉得东西贵，而不会觉得便宜。哪怕内心已经认可价格，嘴上也要讨价还价。

但是，素素在议价这个方面做得并不好。面对顾客的异议，她不是耐心地向顾客解释产品的优势，把话题转移到产品品质上去；而是一直纠结于价格，甚至还教育顾客，大人节省，也要给孩子最好的，如此云云。想想看，顾客是一位妈妈，素素是一位年轻的未婚女子，此时，用教训的语气和顾客议价，作为顾客，即使表面好像被说服了，心里会对素素有好感吗？

附加推销

素素一直说她对顾客进行了附加推销，但我们分析一下她附加推销的时机就会明白顾客为什么没有接受了。她选择的时机有误，或者是毫无目的的胡乱推荐，或者是明明销售已成定局顾客要走才做无谓的挣扎。很显然，这样的推销很难生效。

建立长久联络

从上面的分析中,我们不难看出,这位顾客绝对是存在刚需的潜在长期顾客。可惜,素素没有意识到,更没有主动与顾客建立顾客档案以备后期联络,售后的跟踪服务就更谈不上了。

锦囊一:关联营销

关联营销,是指顾客在购物或消费时经常一起购买的非同一品类的商品,促成顾客不同类但有关联的商品多买。

在美国,有的超市曾经尝试过将啤酒和尿布放在一起陈列,以刺激啤酒和尿布的销量。这样做的原因是,美国的男性回家前常常被太太吩咐买些给孩子用的尿布,而在完成太太使命的同时,这些男士也不忘照顾一下自己的嗜好,常常会顺带买些啤酒回家。若是啤酒的货架和婴儿用品的货架离得远,那么那些喝啤酒欲望不是很强的顾客也许就忽略了。而一旦啤酒就在近旁呼唤他时,他的消费欲望便被瞬间点燃了。

其实,在生活中,这种暗示性的刺激购物出现的频率还是很高的。利用暗示性的刺激购物,可以有效地刺激顾客多买一些看似不相干的品类的商品。

同样的,我们可以在自家的母婴店中用关联的可以搭配的商品集中陈列或组合陈列,效果一定也不会差。

1. 选取合适的关联商品

孕妇区的陈列一定要和新生儿区的相邻,这样顾客在买孕妇产品的时候顺便也采购了新生儿产品。新生儿区的用品陈列时可以不局限于品类,而是以家庭急需的新生儿用品清单作为标准,这样可以方便新手爸爸妈妈进行一站式采购。

2. 巧用促销

店铺经常会有一些促销活动，例如满300送100，买二送一，交100抵200，等等。这些促销活动，一方面，可以带动人气，提升店铺业绩；另一方面，也是变相地帮助我们提升客单价。这时，导购应该不失时机地利用促销机会，用兴奋的语气提醒客人："这款奶粉是原价不打折，但我们现在可以买六送一呢，建议您可以买六罐，就可以免费多送一罐，很划算哦。"……这些巧妙的提醒能有效地激发顾客的购买需求，提升客单价。

3. 收银连带销售

很多时候，导购会认为，当顾客选择完毕要埋单的时候，生意差不多也要结束了，就可以不用再多嘴了。实际上，这种想法是错误的。如果顾客买了378元的产品，我们是不是就直接请她去付款呢？当顾客拿出400元钞票的时候，可不可以顺带说一句："小姐，您选择的商品一共是378元。再看看我们的口水巾，正在特价，非常适合孩子用，刚好口水巾3条22元，加起来刚好是400元整。"

当我们为顾客找零钱时，有时候顾客可能还嫌麻烦，那我们为什么不试着推出小配件呢？可以试着在收银台附近多摆放一些小配件，销售的概率是很高的，往往在结账开票的时候就顺带销售了。不要小看这些小配件，不知不觉中，客单价就会提高。一个月下来，销售额又可以上一个台阶了！

4. 同伴连带销售

很多时候，顾客是和朋友一起来购物的。当目标客户开始在店铺进行选择时，千万不要忽视了他的同伴哦！聪明的销售人员不但懂得讨同伴的喜欢，还懂得在时机合适的时候怂恿他（她）也试一试。这样做，不仅能够获得朋友对店铺的肯定，培养潜在顾客，更能积极地推动连带销售。

当顾客对几件商品都爱不释手时，我们可以告诉顾客：给亲戚朋友的小孩子也可以顺便带两件，现在是特价优惠，机会很难得。这不又是提升客单价的一种方式吗?

5. 多用备选

当顾客需要我们向他推荐商品时,提醒大家,不要只向顾客展示一件产品,可以同时展示两三件。当然,这几件要有所差异。

原因很简单。当展示的产品只有一件的时候,顾客有可能会喜欢,也有可能不喜欢。喜欢的话还好,不喜欢的话就"一棒子打死了"。我们依旧要进行第二次推荐。当然,进行二次推荐也不是不可以,但这时顾客的信任力已经下降了,因为人们往往更注重第一感觉。

尝试一次性给顾客展示三件产品,其实是变相地在给自己留退路。因为在这有差异的三件商品中,顾客有可能会选择其中一款。这样的话,最起码推销失败的概率减少了很多。三件中有一件满意的,比一件就让人满意,成功的概率要大两倍。既然如此,为什么不尝试一下呢?

而且,即使这次顾客不满意,我们第二次展示时也比一次只展示一件产品要机会大很多。况且,还有一个很大的可能,就是顾客在展示的三件中选择了其中的两件。这样的话,我们的成交额将翻上一倍。

锦囊二:客单价的提高,高价位产品功不可没

如果顾客消费的量是固定的,比如一个人一次只买一件商品,如果我们能够让顾客买价位高的商品,显然客单价就增加了。在这些方面,采用一些看似无形却有意的引导方式引导顾客进行消费升级,显然是一种很好的策略。

母婴行业也是如此。如果顾客买的是高价位产品,最后成交的金额有可能是平常一单的很多倍。在顾客消费能力允许且顾客个人意愿相差不大的情况下,为什么不推出更高价位的产品呢?而且,即使顾客没有选择,在我们推荐高价位产品之后,再去推荐其他产品,顾客在心理上也会更容易接受,觉得这些更便宜,更实惠。

锦囊三：我们不是在销售产品，而是在销售一种生活方式

顾客的需求就像是一座冰山，露出水面的只是十之一二，更多的都藏在水下，甚至有可能连他自己都不知道。谁能挖掘出水面下的冰山，谁就掌握了消费者。

顾客的心理说复杂也复杂，说简单也简单。要想打开顾客的心门，就一个字——诚。有"诚"做基础的同理心、换位思考、销售技巧，才是成交额的保障。

真正能够充分把握消费者需求，结合购物的心理和产品的功能性，深入了解产品研发思路，并巧妙组合的陈列，用宣扬生活方式的手法去销售产品，必定可以事半功倍。

欧阳寄语：销售生活方式比销售单品更重要！

销售篇 | 提升成交率，打造母婴旺店需要向顾客要业绩

续销额——为什么鞍前马后周到服务，却挽不回顾客的心

  林姐是丫丫母婴店的老顾客了。每次她一到丫丫母婴店，大家都是心照不宣，又高兴又纠结。原因是什么呢？看看下面的销售场景就知道了。

场景一：林姐第一次来店。

  "林姐，今天您刚买了我们300元的东西，我送您一个玩具吧，儿童摇铃，质量很好，名牌的，在我们店要卖几十块呢！"导购云妮殷勤地对林姐说。

  "哦，是吗？这么好呀？在你们这里买东西还有赠品？那就谢谢你喽。"林姐有些意外。

  "对呀，林姐，以后您来买东西直接找我就对了，我一定给您最多的优惠和最好的赠品。"云妮笑眯眯地说。

场景二：林姐第二次来店。

  "林姐，今天您买了268元的东西，我送您一罐体验装奶粉吧，刚好给您家二宝用。"云妮大方地跟林姐说。

  "好，谢谢。"林姐喜出望外。

> **诀窍一点通：**
> 赠品送得太轻易，只会让顾客的胃口越养越大。

场景三：林姐第三次来店。

"今天有什么赠品呀？"自从知道了这里的"潜规则"，林姐一进店就开门见山地大声询问道。

"有，有，肯定有。林姐，您先看产品，待会我再拿给您。"云妮殷勤上前。

片刻，林姐选好产品，总共598元。

"林姐，我送您双婴儿袜吧，刚好天气开始转凉，用得着呢！"云妮体贴地说。

"不会吧？"林姐顿时脸上晴转阴，"上次我才买两百多块的东西，你就送了我一罐体验装奶粉。这次我买了五六百，才送双袜子。"

"奶粉体验装已经没有了，这次只能送袜子。"云妮为难地说。

"这样啊，你们怎么能这样呢？这样，我心里怎么平衡啊？"林姐犹自嘟囔。

"不好意思，林姐。"云妮连连道歉。

最后，林姐还是拿着产品和袜子，面带不快地走了出去。

场景四：林姐第四次来店。云妮休息。

导购晓燕迎上前去："林姐早！"

"嗯，云妮呢？"林姐直接问。

"哦，她今天休息，您找我也是一样的。今天想买什么呢？"晓燕问。

"找你是不是也有优惠啊？"林姐随口问。

"哦，现在店里没有赠品，林姐。"晓燕为难地说。

林姐看了看晓燕,没说什么,转了一圈走了出去。

从此之后,林姐再也没有来过店里。

案例中林姐这种类型的顾客并不少见。每当此时,导购们总是很郁闷:"这样的顾客真是的,爱贪小便宜,奔着赠品来,一不给赠品就不买了,太现实了。"更有一些导购苦恼:"我白做那么多工作,白说那么多好话了?拍尽马屁还是'肉包子打狗,有去无回',现在做销售啊,太难喽!这顾客也太难伺候了。"

在这里,我只想提醒亲爱的门店伙伴,在埋怨顾客之前,先来反思一下自己。不得不说,很多时候,顾客是被我们惯坏的。换言之,今天的一切后果,都是由我们自己的所作所为造成的。所谓种瓜得瓜,种豆得豆,怨不得别人。

可能有的人会有疑问:"真的是这样么?"下面我们一起来探讨一下。

林姐第一次来店时,并没有主动要赠品,是云妮为了讨好拉拢顾客,主动送了一个玩具。接着,林姐第二次购物,同样并没有要求优惠或赠品,也是云妮主动送了一罐体验装奶粉。

从前两次购物可以看出,顾客并不是爱贪小便宜的人,在她最初的购物概念里,只是选中了合适的产品,为了产品而来。相反,导购云妮为了和顾客拉近关系,一次又一次主动地抛出橄榄枝,轻易就送礼物给顾客。

这样,当林姐第三次再来购物时,她就会认为,送赠品是店铺的常规工作,是销售利润的一部分,理所当然应该返还给顾客的。那么,一旦没有赠品,出现断供,顾客不易接受也是很正常的事情。所以,说是导购自己把顾客惯坏的未尝不可。

那么,我们到底要不要送顾客赠品呢?如果是为了培养顾客和我们的感情,希望以后能长期选择我们,用一些赠品来联络也是可以的,但一定要把握送赠品的方式方法。

首先,赠品不是维系客情关系的首选。

我们需要明白一点,礼物只是物质的给予。在这个世界上,最容易被替换和售卖的就是物质。因为物质很容易量化,顾客会衡量:"昨天送我的赠品值100元,为什么今天送我的赠品只值30元?"

到底什么才是与顾客保持长久关系的法宝呢?

答案是我们对顾客的真心,我们服务的真诚,我们对顾客的用心做到了哪一步。

很遗憾,在上述案例中,我们只看到了云妮源源不断地给顾客提供超值的赠品来笼络顾客,却看不到她对顾客的用心有多少。例如,对顾客真诚的关怀,哪怕只是简单的问候,卖场的一杯水,售后的跟踪回访,等等,我们都没看到。单纯只是靠一样两样赠品来维护的客情,会脆弱得不堪一击。

其次,送出礼物,要显出赠品的珍贵和不易。

云妮每次送出的赠品并不差,甚至相对于顾客的购买来说,已经是很超值的回馈了。但她错就错在,送出赠品的态度太轻易,随便就送了,也没有强调赠品的超值、送出的不易,从而彰显顾客身份的尊贵,以及顾客在店铺的地位。这会让顾客有个错觉:本来就该送的,是每个人都有的,从而毫不珍惜,甚至下次会变本加厉。

最后,没有赠品,要用其他东西来弥补,以体现顾客的尊贵。

顾客最后一次来店时,很可惜没有赠品了,这也是压在骆驼身上的最后一根稻草,本来就是单纯靠赠品来维系的客情不堪一击,顾客扭头就走了。如果前期销售人员和顾客的感情铺垫做得足够好的话,完全可以和顾客拉拉家常,像朋友一样坐下来聊聊天。如果提到赠品,也不妨说说导购人员的不容易,导购又不是老板,很多时候没有决策权,等等,让顾客真的体谅,真的理解,真的和顾客有心与心的交流。我相信，留住林姐这个本来就不贪小便宜的顾客并不难。

所以，每次在埋怨顾客的忠诚度不够时，先想一想，我们付出的感情有多少，付出的真诚有多少。往往很多时候，我们会发现，问题还是出在自己身上。

锦囊一：建立店长责任制

毫无疑问，店长在销售过程中的作用非常重要。所以，店长应该承担责任，掌握对事情的处理尺度。所有让利的单据，店长必须知晓实情并签字确认，而不是随便一个导购就可以轻易承诺的。

门店管理者都知道，销售会涉及很多种情况，所以也会给门店的导购或店长们一定的权限，如可以免去零头，某些款可以有暗折，某些款可以有赠品，某些款可以返券，等等。这些权限，都是为了在特殊情况下，比如销售不能顺利成交时，让门店销售人员来做一些缓和，争取能够实现成交，也就是说，要用最小的损失去达成销售。遗憾的是，很多时候，事情却往往变了样。尤其遇到没有原则的导购，刚好再碰上原则性同样不强的店长，那么这种情况的出现就不新鲜了。时间长了，甚至会形成一种风气，不只是顾客有占便宜的习惯，员工也会习惯性地给顾客让利。

锦囊二：有标准，有底线

不可否认，销售过程中有时确实会出现需要我们让利的特殊情况。那么，在销售之前，让利的权限和底线是什么，需要大家先行达成共识，需要用制度规定门店给顾客让利的权限，并通过详细规定各种情况的让利标准及处理原则来进行约束。

那么，怎样做是为顾客提供用心服务，怎样做是无原则的让利，这个度到底应该怎样把握呢？

从上面的案例中，我们可以看到，顾客非常喜爱并经常购买该店的产品，而且经济实力应该没什么问题。从她漫不经心的问话和初次拿到赠品的惊讶可以感受到，并不是她买不起或非要这个赠品不可，而是店里的员工已经把她的胃口养肥了。换句话说，导购把顾客惯坏了，每次购物无条件送赠品已经变成一种习惯。

这种情况，就是无原则的让利，白白地浪费了资源。导购选择了表面看来最便捷，实则最不牢固的一种方式来和顾客维系感情。殊不知，这样建立在物质基础上的感情维系是最不堪一击的。一旦没有了物质利益为基础，顾客不再光顾就是再正常不过的事情了。

锦囊三：建立个性化顾客档案

无论是母婴行业，还是其他行业，都存在一点共识，那就是一定要建立起完整的、可识别的顾客档案资料。

这套顾客档案中，不只有顾客的姓名和电话，还应该有顾客的体貌特征、尺码、年龄、爱好、性别、职业、家庭成员，等等。

那么，这套资料怎么做呢？应该是在每个顾客成交之后，就快速记录顾客特征的关键词，在随身的便签本上记录，然后再统一整理到顾客资料档案中，并时时温习，反复强化顾客的特征和姓名等，记住顾客。留住顾客的心！

其实，每个区域的消费群体都是相对固定的，所以，我们如果想一直保持自己的业绩，想在一个地区长远生存，就要记住，不是只做一个顾客一次的生意，而是做一辈子的生意。只要有我们这家店在，就要让这个顾客一直来我们这里消费。从长远来看，就是要让我们的店铺成为顾客的私人商店！

做到这点并不容易，但不代表没人做到。我所知道的某个品牌，就根据这一理念执行过"三三三"VIP忠诚计划。何谓"三三三"呢？就是在顾客购买商品后，三天回访使用情况，十三天后再次确认顾客的满意度，三十天后再次提醒并问候，不间断地和顾客保持良好的沟通和联络。这就是所谓的"结识新朋友，不忘老朋友"。

锦囊四：定期联络，留住顾客的心

除此之外，增加顾客来店频率，还可以通过商品定期维护、知识培训、为顾客准备生日礼物、VIP卡升级、新品上市礼物、周年庆回馈礼等来实现。正所谓，钓鱼不如养鱼。持续扩大VIP顾客的基数是每个品牌都在做的事情。在母婴市场这个大"蛋糕"上，潜在客户，也就是我们所说的准VIP客户，其实并不缺乏。关键在于，谁去做了，谁先做了，做到什么程度了。

锦囊五：分级礼遇

我们需要将店铺的VIP资料全部进行整合，并统计上一年度的消费记录。

1. 根据一个时间段的消费次数及消费金额，进行顾客分级，并区别对待

A类：忠诚度高，消费能力强。

A类顾客指的是对我们的品牌和产品非常认可、忠诚，回店次数很多，同时又很有消费实力，每次都大包小包购买的顾客。这种顾客，每家店铺都想有，但可遇而不可求。这类顾客的数量始终是有限的，如果我们有幸拥有，要加倍珍惜。

B类：忠诚度不高，但消费能力强。

B类顾客，因为选择面比较广，品牌忠诚度并不高，偶尔想起来就来一次，但只要来就会购物，而且消费能力特别强。这类顾客，我们同样要珍惜，因为他最有可能发展成为我们的知己顾客。而要做到这一点，就必须实现一个前提，即我们的服务做到了，让他从不忠诚变成忠诚。

C类：忠诚度高，消费能力不强。

总有一些顾客，对品牌和产品很认可，没事就来坐坐，但是他对店铺的贡献率是有限的，因为本身消费能力有限，但是每到打折和季末促销，必定有他

的身影。这类顾客虽然没有给店铺创造销售奇迹,但在无形中起到了帮店铺烘托人气和免费宣传的作用。很多时候,他就是口碑宣传员。

D类:忠诚度和消费能力都欠佳。

相对于上面三种VIP顾客,这类顾客属于VIP顾客档案中的边缘顾客了。虽然在我们这里办了卡,但由于各种原因,我们的品牌在他心目中的地位并不重要,消费能力欠佳,来店也不一定会选择产品。

2. 给VIP的好处要区别对待

同样都是VIP,但因为对店铺的贡献不同,礼遇的程度也要不一样。

3. 根据不同的分级确定不同的接触方式

如果说A类和B类是一定要店长亲自电话邀约、微信联络,甚至了解个性化需求、全方位提供服务的话,那么,到了D类,可能就是短信邀约了。

欧阳寄语:真正能留住顾客的不是小恩小惠,而是情感交流和以诚相待。

经营篇
向竞争对手学习，做大而专、小而精的特色母婴店

当只有一家店的时候,我们首先考虑的是生存和赢利。当店铺经营进入正轨后,我们要从自身实际出发,做大而专或小而精的特色母婴店。

很多门店经营者生意做了多年，却不知道自己到底赚了多少钱。是什么原因呢？

门店从来没有过一本账，没有账目管理，没有盘点，经营者没有认真去分析过自己的营业额，不知道怎么算是盈亏平衡，看到营业额就开心，却没有去算过毛利率。甚至作为母婴店重要利润贡献点的奶粉品类，有着保质期的压力，却仅仅因为没有管理，没有遵循"先进先出"的原则，最后不得不白白浪费纯利……从来不知道自己到底在哪些品类上面赚了多少钱，只能说大概、可能，凭感觉办事。事实上，这种感觉往往是不精准的，这也是店铺库存积压的原因之一。

而当店铺做久了之后，眼看同行一天比一天做大，店铺越开越多，很多老板也开始蠢蠢欲动，想多开店。但因为没有相应的经营管理理念，他们很快就会悲催地发现，店开得多关得多，开得快关得也快，只留自己独面西风。

此篇就要带领大家梳理门店经营中的思路。我们有千丝万缕的问题，在这里都可以找到答案。

选址筹备——要人气，还是要盈利

赵小姐在一个二级城市的三级商圈经营了一家中高档母婴用品商店，面积30平方米左右。这家店铺是她从一个好朋友那里接手的。之前，朋友在这里经营了一年多，生意一直都不错。

赵小姐接手以来，一直延续了以前的经营模式，生意也还不错，只是今年店铺所在的街道要拆迁，不得不寻觅新址。因为多年苦心经营积累了一些资金，所以赵小姐一心想在黄金位置寻找一处合适的店面，让生意规模扩大一些。

寻觅良久，赵小姐发现在本市著名商业街上的一处店面人流量很大，于是雄心勃勃，想承租下来。但一问承租费用，赵小姐就打退堂鼓。因为是在著名的商业街上，所以店面非常抢手，费用也非常高。目前，一些面积大的店面早被几个大品牌抢去，赵小姐看中的这处，位于商业街两个胡同的夹道处，整个店面呈狭长形，面积不到20平方米，可房租并不便宜，每个月要2.5万元，转让费要8万元，而且合同期一次只签一年。据朋友的小道消息，这条商业街还有一家店面合同也快到期了，那家的面积是这处的好几倍，当然费用也更高……

> **诀窍一点通：**
> 当只有一家店的时候，我们首先考虑的是生存和赢利。

幸好，赵小姐还有另一个选择。这处店面在一个小区附近，旁边有生活超市、便利店、外贸服装店、内衣店等，但还没有一家母婴用品商店。而且，该小区是一个中高档住宅小区，建成不到3年，虽然离市中心稍远，但附近配套设施比较完善，学校和医院都在2公里以内。目前，该小区入住的人群多是附近学校和医院的职工。

而且，由于生活设施便利，周边环境好，非常适合居家，再加上房价也比市中心低上很多，不少年轻人把该小区及其附近的几个小区作为婚房的首选。据说，目前几个小区的房子已经售罄，很多家都在装修，保守估计半年左右会有更多的业主入住。

但赵小姐总觉得这是一个新社区，而且店铺离繁华街道有一定的距离，客流没有保障。不过，这家店面也有自己的优势：费用比商业街的店面要低很多，88平方米，每个月房租只要5000元，没有转让费，合同期可以签3年。一时间，赵小姐又有点犹豫，到底该怎么办呢？

想了一会儿，她决定请教自己的闺密韩女士。经营美容店多年的韩女士帮赵小姐做了一下分析。

商业街的店面：

首先，这条商业街来往的顾客群并非母婴店的核心顾客群。一来，商业街上的店铺以中档的大众时尚休闲和运动休闲的品牌居多，已经形成了气候，大家都知道要到这里来购买这些休闲品牌。二来，街上有两家大型百货商场，打折促销活动非常频繁，来到这里的基本上都是年轻的时尚一族，购买力并不强。三来，街上还有相当一部分外地游客，他们对母婴产品的购买欲望通常并不强烈。而赵小姐经营的是中高档母婴用品商店，需要的是具有明确母婴产品需求的顾客。显而易见，上述顾客群并非赵小姐的核心顾客群。

其次，就功能匹配来说，这个不到20平方米的狭长店铺，更适合做经营高档饰品或者化妆品店铺。

最后，就开店目的来说，那些大品牌之所以不顾被炒得不切实际的租金，将目光瞄准了这里，更多的也只是为了树立品牌在当地的形象，看中这里的品牌效应罢了。至于赢利状况，恐怕只有他们自己最清楚。

小区附近的店面：

首先，这个店面具有面积大、资金压力小、便于展示店铺的形象等优点，且更符合赵小姐的店铺定位。

其次，该小区的业主多为有孩子或即将有孩子的中等收入家庭，收入和职业都比较稳定，其中有相当一部分都属于赵小姐的核心顾客群。这里虽然客流不多，但如果做好服务，把握好固定的老顾客群的话，业绩还是比较稳定的。

再次，母婴用品不同于其他，人们购物时重要的是图方便，如果将母婴店开在社区附近，对业主还是有一定吸引力的。而且，邻近的超市、便利店、内衣店也都和母婴店有一定的关联，会有一些客流带过来。

再加之附近的楼盘也都马上入住，该地区的市场潜力是很大的，租金风险也小。鉴于赵小姐刚刚开始尝试做大店，还是保守一点比较好。

综上，韩女士建议赵小姐选择社区店铺。

从韩女士的分析中，我们不难看出，她对店面的选址剖析得是非常精准的（附录二有专业的准店铺评估表，可供大家参考）。

店面的选址很关键，直接关系着门店是否赢利，所以能出业绩的店铺位置一定不错。但选址一定要和品牌定位相符合，而且周边环境和邻居也很重要。如果周边环境和邻居不合适，一家正在装修的店可能也会"死"。

现在，加盟商的租金压力越来越大，选址也就显得更加重要。而很多人都有一个误区，那就是人流多的地方生意一定好，做生意一定要找好位置。没错，位置是很重要，但人多的地方并不一定生意就好，或者不一定适合我们销售的商品。

如果我们刚刚开始创业，没有经验，资金也很有限，那么选择黄金地段最好位置的店铺就不一定是最好的选择。因为经营者缺乏经营技巧，再加上资金，店铺可能开得快，关得也快。

在这种情况下，选择二线商圈有典型代表性的人群，针对这个商圈的顾客群做有特色的店铺是很好的选择。

总之，店铺选在什么位置，跟产品和顾客群定位有很大的关系，人流多的地方不一定就是好位置，要看这些人流中有多少是顾客群。

选址，并不一定是选位置最好的，或者是人流最多的店铺；而应该是选最适合的店铺，看我们经营的品牌和商品是什么，这里是不是核心顾客群体聚集地，我们的营业额预计是多少，利润可否平衡，市场有没有潜力可挖。

所以，开店选址一定要做好如下工作。

对销售网络进行合理布局

我们要对空白市场和其他已开拓但有待继续开发的市场进行市场调研。调研的内容主要包括：

调查当地同行业产品的消费能力；

调查当地同行业品牌经营的数量及本地品牌的经营数量和情况；

调查当地集中消费同行业产品的商圈；

调查当地商圈集中消费的主导产品和滞销产品有哪些；

预测我司品牌在当地市场的影响力和销售力；

对空白市场进行布局；

确定品牌的适销市场；

确定适销市场的产品定位；

挖掘我司品牌在当地市场的优势产品；

确定适销市场的整体品牌和产品的定位；

划分有待开发的区域，派相关的拓展人员进行市场开拓。

对于已开拓市场但经营不理想的地区（针对区域代理商），我们需要重新审核现有客户的经营情况和终端店铺的拓展情况。如发现情况不理想，必须尽快继续寻找其他目标意向客户，并收回现有客户的区域代理权。

进行商圈市场行业分析

商圈市场行业分析内容包括：

了解区域商圈支柱性产业是什么，目的主要是了解当地商圈的经济收入水平；

商圈中本行业占比多少，销量占比多少；

了解自己的产品占据的市场份额是多少，品牌在当地的竞争压力如何。

进行各区域商圈竞争品牌分析

不少销售人员认为，调查各区域商圈竞争品牌，就是要了解竞争品牌的销售业绩和促销情况。实际上,除了了解上述情况以外,我们还需要充分了解竞争品牌的产品定位、产品优势等,真正明白新品牌进驻市场的竞争压力在哪里。

如果是店主自己经营店铺,首先要了解竞争品牌在当地商圈的竞争优势是什么,所谓"知己知彼,百战不殆",了解竞争品牌的竞争优势,等于了解自己需要加强和规避的方面,为更好地发展注入前进的新动力。

竞争品牌分析内容包括:

竞争品牌的产品定位是什么;

竞争品牌的市场定位、市场认知度如何,广告策略有哪些;

竞争品牌的产品优势是什么,核心产品是什么;

竞争品牌的价格优势如何;

竞争品牌的经营面积、营业时间怎样,人流量如何(分时间段:周一至周四,周五至周日,节假日);

竞争品牌最成功的促销方式是什么;

竞争品牌的店铺布局如何,陈列方式有哪些独到之处;

竞争品牌的现场管理水平如何,员工的综合素质怎样。

锦囊一:看客流——最繁华的地方不一定最好

客流量是决定业绩的基本因素,但切记不要把人流量当成客流量。从我们店门口走过的人,有可能根本不是我们的顾客群,人流量对我们而言并没有什么意义。这是门店选址时要考虑的首要因素。

位置好的店铺就像一块让人垂涎欲滴的肥肉,通常价格也不菲。所以,这时能够耐心选择一个价格合适的店面,对于日后的成功经营是十分关键的。租赁费用不仅在前期是一笔巨大的投入，更会影响到以后每个月的经营成本。高额的月租对于经营者也是一种心理负担。

基于这些问题，我们在租赁店面时，应当采取一些措施来控制成本：多方收集信息，进行横向比较，以期做出最合理的选择。

从长远眼光来看，通常发展成熟的商圈物业价格都相当高，而在那些发展中的、有潜力的地区里往往能找到比较经济实惠的店面。这种情况下，和业主签订长期的租赁合同，对于门店自身的长远发展是相当有利的。

1. 看客流的数量

客流数量是否越大越好呢？不一定。

通常，在店铺选址的过程中，很多人总希望找人流最集中的地段，认为人流量越大就是越好的地段，甚至有些人看租金，认为租金越贵店铺就越好。其实，这些认识都是比较片面和笼统的，这样很可能把我们带入一个陷阱：租金贵＝成本高＝客流量大。但如果人流和核心顾客群不匹配的话，就有可能造成进店率高、成交率低、利润低，最后入不敷出的结果。

2. 看客流的质量

这方面可以观察竞争对手门店的客流进店率，了解同类产品在此地经营的适应性。如果竞争对手的门头、橱窗、灯光都没有大问题，进店率却很低，那么实际上在无形中已经给我们敲响了警钟：这条街针对目标消费群的适应性可能存在问题。当然，这也可以帮助我们在后续的经营中，对比自家的进店率，从而切实找到经营上的差距。

因此，客流量固然重要，更重要的是，该地段的客流是不是我们所经营品牌的有效人流量，即目标消费群聚集的地方。每个品牌的定位是有着一定区域范围的，可以从顾客的年龄、职业、社会角色、经济收入、文化背景等要素区分目标消费群。

因此，在选择什么样的街道开店时，不但应当考虑来往行人的数量，而且还应该考虑来往行人的喜好。

切记：

观察客流不能以短时间的客流量为标准，因为在每天的不同时段，每周的不同天，客流量都会有一定的变化。例如，周末和工作日的客流不同，就餐时段、上班时段及下班时段的客流又各有不同。因此，应集中在几个时间段进行多次观察，最后得出平均值，才能接近每天的实际客流量。

锦囊二：看邻居——环境比店铺更重要

一是看邻居的身份。

如果我们的店铺开在比我们高端的品牌旁边，无形当中，我们的身份也会提高。

二是看邻居的关系。

这里的关系，不是指我们的品牌和邻居的品牌的人际关系，而是看邻居的品牌和我们的品牌顾客群体，是否有一定的关联。有时，虽然彼此不是同一行业，也会有相同的顾客群，那么在这个时候，这个邻居对我们同样有效。

三是看邻居的业绩。

整体的商业氛围决定客流量的主流定位。邻居的业绩也预示着未来我们的店铺业绩走势。

商圈环境就是周边的商业设施及相应的配套设施，比如餐饮场所、娱乐场所等。现代商业越来越趋向于一站式购物的消费模式，消费者也越来越希望能够享受到购物的便利。这也是淘宝店、电子商务店铺越来越红火的原因。

与经营商品匹配的周边环境更是能带来大量的潜在顾客。比如，如果开母婴店，附近最好有综合性医院、妇幼保健站、幼儿园、菜市场，或者是品牌女装店、小饰品店、精品店之类女性较为集中出现的地点，那应该会为母婴店日后的经营带来大量的顾客。

也许，有人会觉得，如果周边有类似竞争品牌的话，自家店铺的经营会遭遇困难。其实，如果这个商圈够成熟，市场的容积量远远没有达到饱和的话，竞争未必就是不利因素。竞争在瓜分了市场的同时，也使市场规模化，而规模效应能够提升知名度，带来更多的消费者。如果一个商圈里，竞争对手的经营内容和自身有错位的话，那么该类竞争就不是真正的影响因素。反之，则需要进行一定的考虑再做出结论了。

锦囊三：看动线[①]

看动线重点是看顾客进出店铺的方便性。比如，门口台阶是否过高或过低，门口道路是否妨碍顾客的行走，门店大门是否无遮挡一目了然等。

在我曾走访过的门店中，有家专卖店很漂亮，但店门口有12级的高台阶，这在一定程度上让顾客"望而却步"。而且，顾客，尤其是没有明确购物目的的顾客，闲逛时以就近方便为原则，一看到这么高、这么多的台阶，可能也就懒得爬了。不要小看这几级台阶，它可能就会让我们与销售机会擦肩而过。

当时，我给了这家店这样的建议：在台阶上铺上红地毯，缓和台阶的陡峭感。同时，导购的迎宾从台阶上换到台阶下，更接近顾客，对从门前经过的顾客进行门迎邀约。

锦囊四：看周边

一是周边是否有垃圾筒和公共厕所。

如果在我们选择的店铺旁边或门口有垃圾桶，或者是公厕，可就不太能令顾客愉悦了。特别是销售与艺术、时尚关联的产品，如服装，或者对卫生系数要求很高的产品，如母婴产品，那就更加不美妙了，会让顾客产生不佳的联想。所以，小心这些设施，选址的时候保证它们不要离我们的店铺太近。

二是广告牌、树木、建筑物有无遮挡。

---

① 多指顾客动线，即顾客的流动路线。

店门口有大型广告牌，或多年的大树、突出的建筑物等，这些都会对店铺的门头有影响，并直接影响顾客的进店率，销售业绩自然也会受到影响。另外，如果店门口的人行道太窄，车流又很多，行人走路的同时还要惦记马路上的车流，担心自身的安全，对店铺自然也就无法顾及了。

相对来说，拐角的位置往往比较理想，它在两条街的交叉处，可以产生拐角效应。拐角位置的优点是：可以增加橱窗陈列的面积；两条街道往来人流汇集于此，有较多的过路行人光顾；可以通过两个以上的入口缓和人流的拥挤。有一些品牌，就特别喜欢"金三角"的位置，专门选择拐角处，并用大量模特组合陈列，远远地就从视觉上吸引了顾客。

锦囊五：看朝向

有人对此不解：店铺为什么要看朝向？马路两边不是一样的吗？其实不尽然。比如，我们会发现，北面朝阳的店铺比南面背阴的店铺要好，因为太阳经常照射，朝阳的位置显得亮堂，人们都是喜欢亮的。南面背阴，夏天例外，夏天的热度让人会习惯性地在南边走。

不要小看店面的朝向，这会直接影响店面的实际氛围。特别是南北方存在气候差异，更需要根据当地的气候来选择店面朝向。店面的朝向会受到风向、日照程度、日照时间等因素的影响。

比如，面向西的商店会西晒，夏季就是一个很难熬的季节，选择这样的朝向，就得算上一笔空调的开支。而在北方，面向西北的商店较容易受寒风的侵袭，一到冬天，寒风一吹，基本就将顾客赶跑了。由此可见，店面的朝向对于店铺来说有多么重要。

如果要选择，最好选择三岔路的正面，店面十分显眼，是非常理想的位置。它处于人流较多的地段，可以很好地聚拢人气，还可以做一些广告宣传，将过往的行人吸引到商店中来。

如果在一个城市只有一家单店，只能遥控管理的话，建议在开店之前做好足够的准备,除非有一个能力足够强大的店长,且有足够的责任心、认可度、自动自发,同时具备品牌推广、当地人际沟通等各方面的能力,并有足够的货品进行调配。不然,店铺开得快,也往往关得快,这样还不如不开。

锦囊六:生意靠人做

俗话说,最好的市场,也有最不好的生意;最差的市场,也会有最好的生意。

这句大家耳熟能详的话实际上是在告诉我们"天时、地利、人和"中"人和"的重要性。

即使选择了非常适合的黄金铺面,还是有可能因为没有用心经营而出现业绩不好的情况。店开了,只是万里长征的第一步。即使选址不太理想,如果我们投入了很多心力,局面也是有可能被打破的。所以,万事不可一概而论。

欧阳寄语:选店就像穿鞋子,不一定最贵,但一定要最合适。

产品整合——要高毛利,还是要打好"组合拳"

  文先生是丫丫母婴店的老顾客。

  丫丫母婴店开业的时候,文先生家的小公主还差三个月出生,第一次做父亲的文先生爱意满满,就提前开始给未来的女儿预备婴儿用品。小公主出生后,文先生隔三岔五地来店里面给女儿采购。可以说,文先生是个典型的超级奶爸。但是,最近,文先生来丫丫母婴店的次数越来越少。

  为什么呢?丫丫母婴店所在的位置是当地的高级住宅区,店铺本身装修豪华,门头出色,商品琳琅满目,却很难看到知名品牌商品的身影。简单来说,店铺的最大缺点就是商品缺乏档次。

  最初,文先生作为准爸爸,不太了解市场的品牌状况,但仍是满怀爱意地在丫丫母婴店为孩子购买了很多用品。随着孩子的逐渐长大,文先生对育儿知识和婴儿用品了解得越来越多。尤其是亲身体验了某些产品的效果之后,文先生越来越觉得,丫丫母婴店不是最好的选择。

对于一家成熟的母婴店来说，其产品结构和品类分布应该是非常清晰的，而这些又与店铺的定位交相呼应、相得益彰。

如果有人问丫丫母婴店的老板，他可能会说："我店里这些都是高毛利产品。所以，我店里做这样的产品整合，我的店很赚钱。"但实际上，高毛利产品只起到了增加毛利的作用，对于提升门店形象、拉动人气却并不一定有用。

虽然说不同区域的顾客消费习惯不同，不同门店的定位也各有特色，但是我们的店铺中有几类产品永远是不可或缺的：一是撑门面的"花瓶"产品，二是撑利润的高毛利单品，三是不赚钱的人气打折商品，四是走量的基本款产品，五是做好配套服务的配件产品。

在店铺中，每款产品所扮演的角色是不一样的，每款商品的作用也是不一样的。比如，我们有充当"花瓶"的招牌产品，该产品的作用是提升店铺形象，但并不赚钱。再如，我们有充当"人气"的特价产品，该产品的作用是吸引顾客入店，提升门店的进店率，但往往并不赚钱，也不是核心推荐产品。

锦囊一："花瓶"款产品一定要有

比如，我们可以选择大品牌的产品作为"花瓶"款产品。这类产品能凸显店铺档次，展示店铺形象。

锦囊二：人气款产品帮我们"吸粉"

人气款产品往往陈列在卖场前档，以低价为噱头，往往它们并不赚钱，甚至会亏本，但可以帮我们吸引顾客入店，增加其他产品的购买概率，甚至能够打击竞争对手等。

母婴店中的人气款产品一般会选择快消品，如纸尿裤、湿纸巾等，既能适应更大范围的顾客需要，又方便顾客再次购买。

锦囊三：高毛利款产品为我们赚钱

高毛利款产品往往也是店老板最想销售的品类，它们往往是一些二三线品牌的产品，或者是新品牌，或者是有独特卖点、独家供应的商品。这些品类，往往是店铺的高利润所在。

锦囊四：走量款产品提升整体销量

走量款产品往往有什么特点呢？其价格一般是属于大部分顾客都可以接受的大众价格段。另外，该类产品也是属于刚需类的或需求量大的品类。

锦囊五：附加款产品做好配套服务

有些小件商品并非店铺的主要赢利来源，单价也偏低，却不可少，同时可以帮助我们做好顾客的配套服务，从而提升顾客的进店率和连带率。它们就是附加款产品。典型的附加款产品包括口水巾、袜子等。

欧阳寄语：无论大店小店，都要组合制胜。

卖场规划——要做全，还是要做专

黄老板开了一家母婴店，面积不大，40平方米。由于黄老板夫妇勤勤勉勉，一直亲力亲为，生意倒也还过得去。可不知怎么，黄老板老是觉得生意越来越难做：顾客来到店里特别喜欢讲价，而且明明和邻居是同样的产品，同样的进货渠道，自己还比邻居卖得便宜，但顾客还是跟他讲价，并且怀疑店里的产品不是正品。一句话，顾客老是觉得黄老板的店铺不上档次。

这可把黄老板郁闷坏了。同样的产品，同样的进货渠道，为什么顾客老是怀疑他家店铺里的不是正品呢？为什么同样的价格要费尽口舌才卖得出去？黄老板觉得现在的顾客真是越来越挑剔了。

我们经常会看到，有些母婴门店显得杂乱。顾客经常还没进门，就已经觉得这是一家不上档次的店铺。

为什么呢？

不起眼的门头，昏暗的店内灯光，产品摆放杂乱无序却号称应有尽有的货架……总之,让人感觉好像进了杂货铺一样。

这时,店铺说自家卖的产品是正品,是品牌货,不打折,顾客会信吗?即使嘴上相信,眼睛和内心也是犹疑的。

为什么会这样呢?这就涉及门店经营非常重要的一个问题——卖场定位。到底怎样对门店规划才是正确的呢?是要高毛利,还是要"组合拳"?店铺是要做全,还是做专呢?

一家母婴店有多少产品品类,经营多少项目,很多时候跟其所在商圈、规模的大小、周围的竞争态势、自身的定位有着莫大的关系。

一家二三十平方米的门店,如果没有主推品类,那么,门店看上去就是杂货铺。而一家数百平方米的门店,如果没有清晰的商品分类和重点品类,同样无助于销售,只会让顾客像没头苍蝇一样乱撞,购物极不便利。而品类的结构设置必须要依据店铺的定位而定。

说到店铺的定位,主要依据两个原则:一是大而专,这是针对大店而言的;二是小而精,这是针对小店而言的。

我们先来看一下大店。

很多人会说,大店当然好做了,面积大,货品齐全。错,大店如果管理不好,更容易出现大而不当的情况。顾客一来,不是觉得店里空空荡荡,货品不全,就是觉得店里杂乱,不容易找到自己想要的东西。如果这样,就是对店铺的面积和经营者资金巨大的浪费。

我家附近曾经有一家大型母婴店,面积足有 500 平方米。位于广州市的中心地带,要在这里开一家 500 平方米的母婴店,投入还是相当可观的。

因为离家近,我曾经去逛过几次,但是每次都是失望而归。这么大的一家门店,看起来产品品类很多,实际上却并不齐全,产品定位也不精准。

门店进门左侧大概 40 平方米是孕妇服装区,右侧 50 平方米是婴儿服装区。中场摆放的是奶粉、辅食、玩具、图书的货架。整个后场足足有 300 平方米，除了有一个角落陈列了婴儿车、婴儿床外，其余的全部是儿童服装区。

也许，大家会以为，这家母婴店的定位就是以服装为主。我们姑且这样认为。可问题是，即便是做服装经营，这家店也没有就服装的不同品类进行清晰定位，没有划分出明确的高中低档产品，全部是价格相近的散货类产品，陈列也不统一。

这家店虽然是大店，但一货品不全，二不专，一进门，只会让顾客觉得杂乱无章，不上档次，白白浪费了这么好的位置，这么大的门面。

> **诀窍一点通：**
> 大店也要做专，这个"专"是指专业。要让顾客感觉到，这里是一家定位明确、品类丰富的专业母婴门店。

说完了大店，我们再来看一下小店。

与大店不同，由于店铺面积等的限制，小店不可能满足所有顾客的所有需求，所以在经营品类上必然要有所取舍。小店主要分为社区店和商圈店两种。

社区店多开在住宅小区附近，一般周围竞争对手不多，应该侧重保障周围顾客群的急需日用品，尤其是一些小件用品，如奶瓶、奶嘴、吸奶器、婴儿内衣、婴儿鞋帽、婴儿袜子、口水巾、婴儿汗巾、婴儿纱布，等等。

这些小件用品，尤其是消耗类的用品，经常会出现家长忘记大量采购临时断货的情况。更多的家长会选择就近购买。这时，开在家门口的小型母婴店的小件用品就会非常实用畅销。

相反，大件的玩具、婴儿车床等产品，选择范围很宽、陈列面要求比较广的服装类产品，虽然顾客有需求，但很多时候会选择规模更大的门店来采购。毕竟，大店面积大，展示空间大，样品更齐全，顾客选择余地大些。

商圈店多开在当地母婴产品比较集中的街道，竞争往往会比较激烈，应该采取差异化的经营策略。何为差异化？就是在满足市场需求的前提下，和竞争对手拉开产品线，尽量侧重其中某一方面的产品，并在这个方面做到淋漓尽致就可以了。比如，专注于婴童用品中的某一个品类，或专注于孕妈咪，或专注于婴儿食品，等等。商圈店可以通过做专某一项来提升自身的专业度，进而提升自身的竞争力。

店铺的定位是关系着日后生意好坏的一个重要因素，要根据店铺的所在商圈、店铺位置、店铺面积大小等实际情况综合决定，而不能由老板一拍脑袋想当然就决定。

锦囊一：小店要做小而精

如果店铺的面积只有二三十平方米，想要保证货品品类齐全，就是一件很难做到的事。与其小而杂，不如小而精。比如，我们可以把主要赢利项放在小件商品上，店铺里配备以奶粉区、辅食区、用品区为主，也可以加一点零食区和小型玩具区。宝宝的礼盒装服装，和服装配件的袜子、围巾、围兜等，因为体量小，可以展示一下。

但车床类、大型玩具类这些比较占空间的品类，就不太适合了。服装类本身需要比较大的面积来展示，也不适合作为主力产品，一则面积有限不够丰富，二则容易杂乱。至于体验类的项目，如婴儿游泳、推拿、产后修复等，因为没有足够的面积，也不是合适的选择。

锦囊二：大店要做大而专

如果店铺的面积比较大，店铺就可以划分出明确的卖场区域，如日化区、食品区、服装区、玩具区、车床区、游乐区、游泳区、早教区、顾客休息区、收银区等。同时，因为店铺面积比较大，我们更需要在门头和招牌的装修上下功夫，营造出店铺的品位，突出其地位。在橱窗陈列上，我们也要不断推陈出新,每周定期更换橱窗主题,以使其与店铺形象配套。

大型的门店,除了品类组合可以更丰富之外,一定要有体验区。这是因为,大店的房租等固定成本偏高,设置一些体验性项目,可以增加顾客黏性,增加顾客的来店频率。

所谓体验区,就是指顾客可以在店铺中停留体验的区域,如婴儿游泳馆、小儿推拿馆、摄影馆、产后修复馆、沙画吧、手工DIY馆,等等。我们可以通过开卡等方式,促使顾客提升来店率,从而提升店铺人气,带动其他消费。

锦囊三:体验感不可或缺

在电商竞争越来越激烈的今天,很多顾客之所以选择来到实体母婴店购物,就是因为这里有面对面的交流,有可以看得见、摸得着、感受到的商品,有迎面而来的导购热情亲切的笑容和人情味,有除了购物以外可以消磨时光停留片刻的顾客体验。

未来,线上线下相结合的服务模式,将注定线下门店更加注重服务层面,更加关注顾客的深层体验。

大店可以通过增加服务类型,加强顾客体验,吸引边缘顾客。比如,婴儿游泳、抚触的项目,可以起到引流、制造盈利的作用;胎毛笔、手足印是一些超级奶爸、奶妈的刚需,可以为店里带来一定的毛利;孕婴摄影,能为店里增加独特的趣味性,可以提升顾客的进店率;婴幼娱乐,可以延长顾客的留店时间等。

小店也可以通过一些体验设施延长顾客留店时间,增加顾客体验感,比如一块画板、一套玩具、一张椅子、一杯水、一面墙……

欧阳寄语:小店要做小而精,大店要做大而专。

陈列管理——要漂亮，还是要实用

　　天天乐母婴店新招了一个店长。这位店长之前在品牌服装专卖店工作，郭老板聘用她，也是希望她能把服装行业一些先进的店铺管理经验用在自家店铺的经营上，所以就完全放权，给予新店长很大的权限，鼓励她放手改革。

　　果然，自从新店长来了之后，店铺面貌焕然一新。最明显的，新店长将店铺的陈列进行了彻底整理。这下，店铺原先脏乱差的现象看不到了。卖场通道被重新规划，货架重新摆放，货品重新按色系由浅到深进行分类重组，橱窗也增加了新的陈列道具。就连收银台，也被新店长整理得整整齐齐，票据、纸袋、杂物等都分门别类、秩序井然。

　　大家都很佩服新店长的陈列能力，郭老板对新店长也很满意，就连很多老顾客进来也都咋舌称奇，以为店铺换了老板。新店长很是得意，特别叮嘱大家不要乱摆乱放，要改掉以前不懂陈列脏乱差的坏习惯，按照新的模式进行陈列。大家也怕把新店长的陈列搞乱，都点头称是。

　　一时间，店铺的陈列换了新面貌，跟旁边的其他母婴店有很大的区别，进店率也比之前大大提高，顾客都很好奇，想看看拥有这么漂亮橱窗的母婴店里面是什么样的。

经营篇 | 向竞争对手学习，做大而专、小而精的特色母婴店

按理说，这些都应该让店铺的业绩有所提升，但结果却让大家大跌眼镜。店铺业绩竟然不升反降。这到底是怎么回事呢？问题到底出在哪里？郭老板陷入了沉思。

> **诀窍一点通：**
> 漂亮不等于销量。针对市场和顾客需求合理有效地美观陈列，才能真正变成销量。

很快，郭老板发现，顾客来店时，很多都是看到面目一新的漂亮橱窗，怀着好奇的心理进来的，但是，进店之后，却对漂亮货架上的商品不敢触摸。因为导购在服务的时候总是小心翼翼，顾客刚刚拿过的商品，导购赶紧归回原位，生怕把新店长做的漂亮陈列搞乱，恢复不了原样。如此一来，顾客在选购商品时自然也会束手束脚，导购的服务也打了折扣。

另外，新陈列虽然漂亮，但并不实用。新店长是完全按照色系进行陈列的，结果就导致出现了这样一种情况，即同样类别的产品，顾客如果想要进行比较，得辗转好几个货架才能找到，购物的便利性更是无从谈起了。

本来，店铺调整陈列是一件好事，却因为矫枉过正，起到了相反的作用。虽然进店率增加了，但店铺的深度接触率、连带率、客单价都大幅下滑，销售一度陷入了僵局。

分析

目前，国内比较成熟的品牌会在总部配备陈列师，制定陈列标准，定期帮重点店铺调整陈列。有些还会在各区域或者分公司配备区域陈列专员。不过，做到基本每个店铺都有一个陈列师的国内品牌还不多。

因此，很多时候，陈列师做完陈列就离开了，他是不在店铺的，而店铺里

最需要了解陈列目的，并恰到好处地把产品展示给顾客的，是谁呢？是导购。

如果陈列师做完了陈列，导购或者店长没有跟陈列师进行良好的沟通，不了解陈列的目的是什么，某处某区域为什么这样陈列，某款为什么这样搭配，顾客有不同意见应换什么搭配方案等，那这个陈列就是失败的，它还是没有被完全贯彻下去。

所以，能带动业绩的陈列，必定是陈列师和店铺统一思想，必然要使所有的销售人员都明了陈列的销售意图，并能互相配合。这样，陈列才能在实际的销售中被更好地运用，进而带动店铺业绩的提升。

店面形象是卖场的脸面，包括门头、海报、橱窗等外观。几乎所有人在第一次进入一家门店之前都要凭借外面的直观印象进行判断。所以，店面形象在吸引顾客方面发挥着巨大的作用。

当然，店面形象并非吸引顾客进店的唯一决定性因素，它只是直观地告诉顾客我是做什么的，而外观营造的氛围才是让顾客产生心理上是否接受的主要因素。同时，好的外部氛围对卖场自身也是最好的广告。

那么，如何做才能在店外营造出最佳氛围呢？

一方面，我们要根据目标人群的特点来营造店外风格，如主营儿童产品的卖场，就必须营造出符合儿童心理、喜好和习惯的氛围；另一方面，通过卖场的灯光、音乐、人员等，营造卖场热闹的感觉。

接下来，顾客关注的视线就要转向店内陈列了。

陈列为什么会产生呢？就是为了让顾客看到产品，更容易地将产品卖给顾客。不然的话，把产品都堆在库房就可以了。因此，陈列的一切都是围绕产品和顾客来展开的，为了让顾客方便购买，为了让产品容易拿取，便于展示。

简单来说，卖场的陈列，主要是为了有目的性地展示产品，方便顾客购买。让顾客更方便地买走我们想卖的产品，才是店铺陈列的精髓。我经常在店铺看到,有的导购将衣服或裤子扭成一朵花,至于将围巾折成蛋糕、将牛仔裤折成牛角的事情,就更多了。如果本身这款产品库存较多,拿一两件来做特别造型展示以促进整体销售,是没有任何问题的。

不过,有的人却没有把握好其中的尺度。有一次,我在一家店铺看到一件折叠成花朵造型的产品,花色很漂亮,就好奇地问:"这是什么?"导购回答:"裤子。"我说:"这个颜色我挺喜欢的,能不能打开让我看一下?"结果,导购尴尬地说:"这是厂家的陈列师做的,展示用的,不能碰,打开我们就恢复不了原样了。"我惊讶过后,没好气地问:"那不打开这个了,你们货架上有这款吗?打开我看下,我总要知道是什么款式吧。"接下来,导购的回答让我更惊讶:"没货,这款就这一件。"我实在无话可说,黯然离开。

陈列的目的到底是为了什么?这些展示方式虽然很吸引人,但如果顾客无法打开去查看产品的细节,无法真正地了解产品,很多人就会迅速对此产品失去兴趣,更不用说购买了。而拿仅剩一件的产品做重点展示,其实根本无法成就销售业绩。它除了可以吸引顾客入店,并不会生成销售收入。这样的展示又有什么意义呢?

橱窗陈列则不同,它的主要目的是以各种各样的方式吸引顾客进店。在具体操作方面,有的是以产品来吸引,更多的则是以平时生活中见不到的艺术手法来吸引顾客,如夸张的红唇、透明的圣诞树、歪斜的缩小版埃菲尔铁塔等。

一位陈列师朋友阿福老师说得好:"我们是做艺术的橱窗,顾客的店铺。"这句话很好地诠释了橱窗陈列和卖场陈列本质上的不同之处,从而也让我们更好地利用它们去提升店铺的业绩。

锦囊一：设置卖场主通路，方便顾客购买

良好的店面气氛把顾客吸引进来，接下来便是如何利用卖场的设置来促使并吸引顾客浏览和选购商品。

进入店内的顾客将怎样逛，顾客是否会走到店内的最深处，这是由我们的通路设置来决定的。为了让顾客把店内所有商品都浏览一遍，通路的路线必须能够让顾客将店内的每一个角落都转遍，并且具有循环性。因为只有让顾客转遍整个卖场，商品陈列表现出的吸引力对顾客才具有意义。

我曾经逛过一家饰品品牌的形象店，从门外看，店铺的招牌和橱窗、灯光等非常到位，但是一进到店内，原本很大的店铺却让人觉得有些压抑。

为什么呢？最主要的原因就是没有卖场主通道的设置。换言之，一进到店铺，偌大的卖场中没有一个主要的顾客通道，只设置了几条平均距离的通路，而每条通路的周围都林林总总地陈列着数量不菲的中岛展柜。展柜设计的高度不太合理，相对偏高了一些，以致顾客站在店铺的中央感受不到这家店铺的大气与舒畅，反而会感到一种难以言状的拥挤和压抑。

卖场的道路一定要有主次之分，要尽可能地设置一条顾客容易入店并走到最深处的通道。另外，我们还要设置一条次通路，以增加顾客在店内的逗留时间，保证顾客能够走到店内的最深处，保证顾客看到每一种商品。

锦囊二：进行特色陈列

母婴店的货品陈列，还可以走特色陈列的路线。

我们可以拿出一两个货架按宝宝月份做主题陈列。首先，最突出的是新生儿专区的产品组合；接着，依次是三个月到六个月的宝宝专区组合。

我们还可以做妈妈用品专区或者是清仓用品专区的主题陈列，把有可能产生连带销售的产品放在一起。

孕妇类产品也是特色陈列的一个有效切入点。该类产品可以带动店铺的续销额。当然，只有孕妇类产品也是不够的，还要做好顾客的延伸消费。比方说，在孕妇类产品周围设置新生儿区，在新生儿区旁设置婴儿游泳或按摩的项目。这样一来，会在很大程度上增加顾客的深度消费。

锦囊三：把握陈列基本原则

1. 数字化陈列

如果没有想好，就千万不要动手。因为一做陈列，必然会打乱现有店铺的商品规格，影响销售。

此外，不熟悉店铺的销售情况和库存情况时，也不要轻易做陈列。因为很可能会费力不讨好，没有促进销售。

如果我们的陈列，尤其是主力推荐陈列的货品，在三天时间里没有产生任何销售业绩，马上就要考虑另外的方案，进行调整。这是因为通常成功的陈列的效果是立竿见影的。

2. 最想卖比最好看更重要

超市的商品摆放值得母婴店学习。一般情况下，超市中顾客最容易拿到手的商品往往是商家最想卖的。

这个位置，从货架高度而言，就是与顾客视线平行的区域，离地面约有1.2~1.5米高。实际上，距离地面0.6~1.8米的位置，都是展示商品的有效位置。低于0.6米，基本就属于存货功能的货架了。

从货架方向而言，一般情况下，入门右侧或货架右侧的商品，更容易赢得顾客的关注。

把我们最想卖的产品放在最好的位置，然后辅之以精致的搭配，凸显其重要性，而不是把最好看的产品放在那里。至于原因，一来这类产品通常会很快断货，二来好看的产品往往不需要大力推荐也会有人买。

3. 对卖场档位进行分工

靠近门口的货架，我们一般会陈列价格偏低、包装色彩鲜明的产品，一来用亮丽色彩吸引顾客入店，二来可以用低价让顾客有进一步浏览的欲望。此处产品一般会选择快消品，或者顾客购买频率较高、薄利多销的产品。

卖场中部，往往是顾客停留驻步时间最长的区域，陈列的多是店里的利润产品，迎合市场需求的产品等。

卖场后部，属于普通顾客走入不多的区域，陈列的多为店中的高价产品，顾客选择概率较低且比较占地方的车床类产品等。

4. 食品类商品陈列要注重日期

食品类商品陈列摆放时，标着最新的生产日期的一定要摆放在最后面。这是陈列的基本原则。"先进先出"可以尽量避免在保质期临近时造成库存积压和产品让利等行为。

锦囊四：挖掘资源，做个性化的陈列

陈列怎么做到个性化呢？给大家举个例子。假如我们在大街上看到一群穿红裙子的女孩子，这时突然有个女孩子穿着白裙翩翩走来，我们心中会有什么感觉？是不是眼前一亮？那些齐齐着红裙的女孩子呢？没有任何印象！

店铺的陈列也是如此。成功的陈列，首先要能吸引顾客的眼球，然后才能成其销售。所以，如果要想让陈列带动销售，我们就一定要充分利用现有条件的陈列，调动现有资源的陈列，为顾客带来与众不同的心理感受。

举个例子。我曾经探访过某品牌旗下的一家旗舰店。店铺分为两层，楼上是高价位系列和VIP休闲区，楼下是中档产品，连接两层的是一段深色大理石砌成的简单楼梯。我在店里逛了几个小时，结果发现，很多顾客逛完一楼就走掉了，很少有人像我一样爬上二楼接着逛。这是什么原因呢？很简单，懒得上去，尽管楼上有不一样的产品。

后来，我又一次到他们店铺，发现店里做了调整：原本光秃秃的墙壁新装

经营篇 | 向竞争对手学习，做大而专、小而精的特色母婴店

了大屏幕的液晶显示屏，不停地播放该品牌动态走秀的画面，播放的音乐也很有节奏。新改装后的楼梯台阶采用透明的材料，看上去通透感很强、很抢眼，然后在楼梯的台阶上巧妙地喷绘了一个箭头的图案，箭头直指二楼。同时，店里还在楼梯拐角处设置了一个迎宾处，导购一看到顾客留意楼梯和液晶显示屏，就引导顾客到二楼参观。

这样的做法，业绩不愁提升。

欧阳寄语：好业绩需要好陈列。

促销手段——要花样百出，还是要有效

某年平安夜前夕，一位粉丝给我留言，说他开的是家母婴店，计划在平安夜那天做一个"顾客购物即送苹果"的活动，寓意着"平安"，想就此咨询一下我的意见。

苹果的安全问题

最直观的，苹果属于生鲜食品，食品安全是要特别注意的，同时也是顾客比较敏感的话题。顾客买一罐奶粉，我们顺带送一个苹果，顾客会想：这个苹果是在哪里买的？新不新鲜？安全不安全？有没有农药？能不能吃？万一顾客吃了这个苹果之后闹肚子，麻烦可就大了……

苹果的口味偏好问题

苹果属于食品，既然是食品，就存在个人口味偏好的问题。例如，有的人喜欢吃酸酸脆脆的苹果，有的人喜欢吃甜甜粉粉的苹果，还有的人喜欢酸酸甜甜的苹果。当然，也有像我一样的，根本就不喜欢吃苹果。所以，苹果送到顾

客手里，如果是他喜欢的口味还好，如果他不喜欢这个口味，或者是像我一样不喜欢吃苹果，那么，送了也是白送，顾客也不会珍惜。

苹果和母婴店的联系有多大

苹果和母婴店的联系有多大，这也是最重要的一点。我们在考虑赠品的时候，一定要选择和自己的产品属于相关联类的，一定是符合顾客群的定位的，一定要和顾客群的品位和喜好相挂钩的。这个店的定位如何，我不是特别清楚，也没到他的门店去过。不过，既然说了送的苹果是要到山姆会员商店买精装苹果，而且是购物即送，那这个门店的定位应该不会太低，最起码是中档或中高档。这样的话，这种顾客群会受一个苹果的诱惑吗？或者说，这个苹果作为赠品会不会不够有品位和档次，反而降低了品牌的档次呢？而苹果和产品的关联又有多大呢？

> **诀窍一点通：**
> 送和产品没有任何关联的赠品，等于是石沉大海。

赠品设计中有一个基本的原则，那就是尽量送与产品有关联的物品，譬如买牙膏送牙刷，买西服送西装袋和衣架，买毛衣送丝毛柔顺剂等。原因是这样能够使消费者在使用这些赠品时随时产生对品牌的联想。如果赠品没有关联，顾客在用时也很难想起我们，那么赠品就白送了，没有起到任何应有的效果！

当然，如果这家母婴店的名字本来就叫作苹果宝宝母婴店，或苹果宝贝母婴店，店面门头形象、货架形象处处都是苹果的形状，那赠品送苹果倒还可以考虑一下，因为是再度加强顾客对苹果形象的认知，也容易让顾客产生品牌联想。

赠品的时效性

抛开前面所有的因素都不讲，苹果顾客喜欢吃，也接受了，但还有一点我们必须要注意：苹果毕竟是吃的东西，吃过就没有了，顾客可能转眼就会忘记。他顶多会在明年平安夜或者偶尔逛到这家店的时候，想起来：嗯，这家店送过苹果，那个苹果还挺好吃的。平时是很少会想起来的。

因此，我们在选择赠品的时候，一定要选择有时效性的，换言之，即使只是一个很小的东西，但顾客经常看到它，那么促销的时效就会长。像食品类的赠品，吃过就没有了，而且自己的产品和它又没什么关联，赠品就没有太大的意义。

如果坚持想用送平安的思路的话，我建议这家门店可以用有品牌logo的象形苹果的物品，例如苹果状的光碟盒子，苹果状的零钱包，苹果状的钥匙扣，苹果小公仔等，来做赠品。这同样可以借用他最初的创意——送平安。因为这些物品的时效比较长，而且容易保存，顾客会更加容易记住它。

说起苹果，我还记得某年在买手机的时候，该手机品牌送的赠品就是一棵苹果树，寓意平安树，也就是送平安的意思。当然，它并不是可以吃的苹果，而是一棵铁艺制成的象形树，树上还可以粘贴上一个个五颜六色的苹果。这些苹果是磁铁做的，可以黏附在铁艺树上，而苹果本身又是可以打开的，里面可以放上家人或小孩儿的照片，所以又叫许愿树或成长树。

这个赠品我觉得很好，出发点和那位粉丝类似，但手法要高明许多。这棵树可以放在家里做装饰，又可以做相框，还可以让小孩子自己粘贴苹果，成为他的玩具。一举多得，寓意又好。

锦囊一：赠品选择需遵循七原则

1. 相关性

这点毋庸置疑。所谓"卖什么吆喝什么"，选择的赠品首先不是为了送赠品而送，而是为了更好地推广正价商品。所以，赠品的选择最好是和店铺的其他产品有一定的关联,同时又符合门店和品牌的定位,这样才能让消费者感觉自然,并且可能正好是购买者所需要的,同时真正能带动销售或提升人气,这样才能为门店加分,才有赠品的意义。

2. 实用性

我们经常会看到,顾客收到赠品之后,随手就扔了或者束之高阁,原因就是赠品不实用,拿了也没用。如果是这样的话,赠品的传播作用就没有了。只有实用的赠品,使用频率才会高,才能真正起到传播和记忆的作用。

3. 时效性

一次性短暂使用的赠品和可以持续使用、多次看到、多次使用的赠品,传播的作用是不一样的,赠品的时效也是不一样的。选择顾客可以使用时效较长的赠品,也便于传播。另外,有些赠品也有季节性,要和实际促销产品的季节性相呼应。

4. 传播性

选用的赠品最好方便传播或可以多次传播。例如,有的大型母婴店开业时为了造势,会派发印有母婴店logo、地址、电话的气球,或者夏天派发印有母婴店logo、地址、电话的扇子等,这些都可以方便传播,而且可以多次反复传播。

5. 从众性

赠品一定要考虑购买人群是否喜欢,适应的顾客群是否广泛,否则不可取。

6. 新颖度

符合以上条件,同时又有一定的创新性,能够吸引顾客的眼球,当然就更好了。

例如,我们给赠品取一个好听又寓意美好的名字。这样可以激发顾客美好的联想,也可以让顾客更容易记起我们的品牌。好的命名胜过宣传,对销售相当有帮助。

7. 成本把控

赠品必须要注意成本的控制，一定要根据用途、数量、效果预估进行成本预算。

锦囊二：执行才是硬道理

1. 活动前

收集了解竞品信息，分析顾客心理，确定促销方案。促销前，要把产品品相、规格、价格、促销物料、方式、时间、人物、分工、主题、地点、预期效果等细节再回顾一下，做到烂熟于胸。

2. 活动中

时刻关注消费者变化，做好现场售后服务工作，保持促销商品陈列及库存丰满，做好生动化陈列，制定促销任务完成目标，跟进促销执行状况，做好促销记录。

3. 活动后

要进行促销效果评估（促销效果的评估表详见附录三），对比促销前和预期效果，进行检核、总结，分析原因，备档。

对促销方案中岗位职责、培训资料、准备工作排期表、话术等进一步修改完善，为下次活动做好经验积累，对相关人员的工作效绩进行考评、奖罚。

欧阳寄语：好促销，要设计。

顾客投诉——如何应对顾客的习惯性差评

天天母婴店的店长吕丽最近快郁闷坏了。

这不,眼看着那个姓朱的顾客又气冲冲地走进门店,吕丽就开始头皮发麻,本能地就想躲出去。

可惜,躲得过初一,躲不过十五,早晚还是得面对,吕丽只好硬着头皮迎上去:"朱姐,你好!"

还没等吕丽话音落地,朱姐"啪"的拍了下店铺的收银台桌面,震得上面的笔都飞了起来:"你们店到底怎么回事?为什么我买这么多东西没有一个称心如意的?上次你们说换的这个肯定满意,结果呢?还是不好用!你们店到底进的都是什么产品?我是信得过你们,才来你们店的,这样以后谁还敢光顾你们店?我真是受够了,大家快来看啊,这家店东西不好……"瞬间,朱姐的声音在店里回荡。本来在店里逛的两个顾客,一个皱着眉头出去了,一个好奇地伸着脖子打量。

> **诀窍一点通:**
> 此时,快速控制事态发展,转移顾客投诉场所,尽量缩小对门店卖场的不良影响是最重要的。

完了，今天的生意又被搅和了。吕丽忍无可忍："没见过你这样的顾客，买一个玩具不倒翁要换四五遍，个个都说不满意，没有一个满意的，难道你要把我们店玩具全部试玩一遍不成？"

这下，朱姐恼羞成怒："你这小姑娘怎么这样说话？谁稀罕你们家玩具？跟你说了，你是没听见，还是听不懂？是你们东西有问题！你们东西有问题！！听明白了没有？"

"我们的产品绝对有质量保证！"吕丽毫不让步。

"有什么质量保证？第一个是有一块脏，谁愿意买个脏的回去？第二个有划痕！第三个颜色怎么看怎么不顺眼……"

朱姐喋喋不休，开始一个一个数落着，吕丽的脑袋越来越沉……

上述案例中的朱姐，就是典型的习惯性差评顾客。

习惯性差评，本身是网络购物的产物，与之相反的还有习惯性好评。

通俗地来说，习惯性好评是指买家对商品本身不太满意，与想象的有些差距，又不想浪费时间去退货或给自己找麻烦，勉强接受了，给予好评。从表面上来看，这是一个好客户，给卖家留面子、省时间。但实际上，虽然卖家得到的是好评，不过因为买家内心并不满意，这种顾客往往不会再在同一家店二次购物。

而习惯性差评恰恰相反，是指商品本身并没有大的问题，但因为买家本身习惯吹毛求疵或觉得卖家未能满足自己的额外要求，从而打出了差评。这种客户往往是卖家眼里的不良客户，会给卖家带来信誉上的损失，以及其他麻烦。

例如，天涯论坛上曾有四钻淘宝卖家吐槽：还不错或者还行就给了一个差评，或者就是没有图片上那么好，质量一般，或者就是没有想象中那么好，或者是对快递服务失望透顶,等等。总之对网上的产品买来基本上都是不满意的。首先,他们这群人消费能力偏低(不信,去看看9.9元包邮的产品,中差评多得吓人);其次,心理预期高;再者有点自我为中心,行为有点自私。而也有资深网友评价是"因为大家都在追求美好的东西,而每个人对商品价格的承受能力是有差异的。即便在完全满意的情况下,人也不会拒绝获得额外的利益。只是有些人会选择——不择手段"。

无疑,当卖家遇到习惯性差评的顾客,必然是郁闷无比。但其实,对于低价人群,属于可以用省钱解决的问题,这并不算什么问题。

随着购物渠道的多元化,我们发现,习惯性差评的客户在实体店中也频频出现。

曾有客户反映,他们遇到过类似的顾客,在网络购物时习惯性差评,怨言一大堆。而在实体店铺购物时,也是习惯性差评,动不动就投诉。对待这样的顾客,该怎么办呢?我们需要分析一下这类顾客的心理,并做好预期。通常情况下,这类顾客有三种典型心理:一是期望过高,二是发泄情绪,三是占便宜。

针对期望过高的顾客,让顾客明白"一分价钱一分货"

自古以来,商家不会做赔钱赚吆喝的事情。

例如,很多人在网上购物,相信商家宣传的"外贸原单""大牌尾货"等,然而事实上绝大部分都是有问题的。至于谁家的亲戚、同学、邻居在澳大利亚或者欧洲做代购,更是在网络上泛滥成灾。当然,确实有些代购是真实的,但不可否认的是,相当一部分最后都被证明来路可疑。

所以,对于期望过高的顾客,不妨在售前和售中就让顾客明白,并同时给出不同档次的几种同类商品,说明其中的利弊,让顾客自己选择(常见的顾客价格异议话术详见附录四)。

针对发泄情绪的顾客，安静地听就好了

不可否认，购物有疗愈心情的神效。人们在购物时，因为没有压力，放松的心情会让人有"上帝"的感觉。而且，作为被服务的一方，有着先天的心理优势。所以，很多人喜欢在郁闷或者心情不爽时选择购物。

我们明白了这一点之后，就会理解顾客有时不在情理中的举动了。所以，不管是出于同理心也好，还是出于职业要求也好，顾客如果只是发泄心情，我们安静地听就好了，并不需要应对和解释。因为在此时的顾客眼里，我们的解释只会变成狡辩。而当顾客发泄完，我们再表明态度，方是正解。

对于占便宜的顾客，果断处理

果断处理包括两方面：

一是发现顾客有占便宜的心理，直接退货就是，不做这笔生意，以免为了一点低价品，浪费不值得的时间精力；

二是将此类顾客列入消费黑名单，待其下次来时，谨慎出售货物，或销售时做好预防。

除此之外，我们在处理店铺常规顾客异议时，必须尽量避免以下两种错误行为：

一是为了不给自己找麻烦，让顾客去和其他员工沟通；

二是认为事情的发生是顾客的不对，因而试图不予以理睬。

投诉的应对

如遇顾客投诉，导购可先稳定顾客的情绪，让顾客解释问题所在，引领顾客至当班店长前，并向店长简单阐述一下因由。

店长负责处理投诉，注意应将顾客引至角落等不为人注意处，对于出现的问题，表达方式及说话语气应能令顾客接受，应当试图明白顾客对此问题的处理意见，此时必须给顾客以指点，以免使顾客误会问题无法解决。

一旦想出解决问题的最好办法，就应尽快解决，以免顾客反复到店铺来。

如问题无法及时解决，应让顾客在最方便的时候来，约定准确时间，记下顾客的姓名、电话号码，以便在有变时，及时通知顾客，切忌在顾客再次来到时问题仍未解决，这会使顾客永久地失去对品牌的信任。

锦囊一：了解顾客常见投诉的原因

1. 商　品

商品的工艺、质量、污损问题；

商品的标识问题，如尺寸的标识不清，标识与实物不符等；

价格问题，如与其他店铺类似的货品相比高出很多。

2. 服　务

导购的态度不佳或行为不当，如说话不礼貌，用词不当，语气让人难以接受，导购表现出怠慢、轻视，敷衍了事，其行为导致顾客不愉快；

由于导购对商品的了解不够或对顾客说明不详细引起的，如介绍商品出错，导致顾客做出了后悔的选择，或者说错价格，以致多收了顾客货款；

由于导购未按公司的规定（流程）执行引起的，如没达到给顾客承诺的效果，包装不规范，奖券兑现困难；购买前导购承诺不合适可以换，但顾客来了又不换。

3. 店　铺

店铺的环境问题，如地面不干净，地面湿滑导致顾客跌跤等；

意外事件发生，如玻璃柜边缘划破手，或灯、沙发、设施设备等对顾客造成的伤害；

包装袋质量出问题，导致顾客所购买的商品和财物丢失等；

试衣间顾客物品丢失等；

店铺的其他设施设备等对顾客造成的伤害。

锦囊二：掌握常规顾客投诉处理标准

1. 认真倾听顾客的叙述

导购应表现出认真、诚恳的态度。面部表情和身体姿势都应表现出关心、真诚，以积极的方式倾听，比如在适当的时候点头表示理解，在不十分清楚的时候适当提问，请对方进一步说明，注意措辞，让顾客顺畅地表达不受到阻碍。切勿居高临下或是过于激动。

从顾客的言辞中找出自己先赞同的方面，向顾客表示同感，在值得同情的方面不吝惜表示体谅，会使顾客的不满的情绪有所缓解。

要记得顾客投诉是好意。

倾听时注意记录顾客所讲的内容，如在什么时间地点购买，发生了什么样的问题，顾客需要什么样的结果等。

2. 向顾客道歉

诚心诚意地向顾客道歉。

对于自己在服务中的错误，应勇于承认，并表示感谢，因为顾客的意见会使我们避免更大的错误。

不可与顾客争辩，不可指出顾客错误。不要辩解，盲目辩解会使顾客觉得我们不信任他而激怒他。直接指出顾客错误也是不礼貌的。圆满解决问题的原则是：寻找解决问题的途径，而不是去指责谁的责任。

3. 与顾客沟通达成共识

站在顾客的立场，真正把顾客需要视为自己的需要，努力解决顾客的不满。

待顾客情绪冷静后，双方依据事实，对投诉进行分析、确认，并厘清责任。(注意厘清责任，不是逃避责任)。

提出解决建议，可同时提出多种解决方案，经过沟通确定解决的方案，并清楚地告知顾客。

感谢顾客的意见和建议。

4. 实时有效解决及附加推销

如果顾客证实商品确有质量问题，并出示相关票据时，导购不要说很多，尽快第一时间来帮顾客解决问题。

仅仅关注于投诉的本身是远远不够的，还要顾客了解我们是真心诚意地想解决问题的。其中，最有效、最直接的方法就是顾客目睹解决问题的过程。

如果双方不能很快达成共识，导购应和主管沟通，制定解决方案，并明确给顾客一个时间计划表。

迅速调整心情，适时适当地进行附加推销。

5. 后期跟进工作

顾客投诉解决后，由店铺管理人员致电或者发信息表示感谢。

对此次事件进行反省。

对接待顾客的导购行为进行总结。

定期对一段时期的投诉记录进行总结（如发现某类投诉经常发生，要查清投诉发生的原因，对组织流程相关方面提出改善方法并实施）。

对店铺内部人员宣传，以防类似投诉再次发生。

锦囊三：活用处理顾客异议的"三变法"

1. 改变人物来处理

比如，可以郑重地对顾客说"请店长直接跟您商谈""请稍等，我去请负责人来"。

当顾客对某店员的服务感到强烈不满时，他便会产生一种排斥心理。假如该店员继续按照自己的主观想法向顾客解释，顾客的不满会加剧。所以，最好的办法是请该店员先回避，另请其他人员来充当调解人。

2. 改变接待场所

比如，可以对顾客说"您来这边来休息一下，好吗""咱们到这边来谈，好吗"。

抱怨的顾客在店里大吵大闹时，不仅会直接破坏店铺的购物气氛，还会影响其他顾客，进而店铺形象。这种情况下，请顾客到另外一种场合进行交谈是有必要的。

3. 改变商谈的时间

比如，可以对顾客说"因为这个问题需要先和总公司商谈，可否请您明天……"。

如果更换了调解人员、改变了沟通场所，仍无法平息顾客的怒气，最好的方法就是取消当日的会谈，另外约时间再谈，但在送客前千万不要忘记仔细记下顾客的联系方式。

锦囊四：处理顾客抱怨时，不可说出某些禁忌语

这些禁忌语包括以下几种：

"一分钱一分货！"

"绝不可能有这样的事儿发生！"

"我不知道。"

"我不清楚。"

"这是公司的规定。"

"我绝对没说过。"

"改天我再跟您联系。"

锦囊五：换位思考，以心换心

到底顾客要的是什么？换位思考，将心比心。顾客肯提意见把问题说出来，我们应该感谢。因为也有一些顾客遇到问题，根本不说，在心里生闷气，然后在其他更公开的场合传播负面的影响。想一想，那种情况是不是更可怕？

更难把控？所以，当遇到顾客有异议时，我们需要将心比心，做好以下几点：

一是感谢一切直言给我们提出意见的顾客；

二是永远不要和客人争辩；

三是客人很多时候要的只是感性的感觉，而不一定是理性的结果；

四是在提出具体的解决办法前，一定先让顾客看到我们正向的态度；

五是先道歉，再解决；

六是不要找借口，不要试图苍白辩解，顾客不是傻瓜；

七是顾客并非一定在乎既定的事实，相反，更在乎我们当下处理问题的态度；

八是不要试图推卸责任。记住：在顾客眼里，我们就是公司！

欧阳寄语：对于低消费群体来说，能用省钱解决的问题，都不是问题。

竞品调研——如何向竞争对手学习

案例一

区域经理林先生到所属门店巡视，来到这家一直以来业绩不稳定的母婴店铺时，随口问了句："听说你们隔壁A店做得不错，你们有没有去调研过？"结果，员工们面面相觑。一位老员工答道："他们家运气好，顾客都是在我们这里看过了，到他们那里不再挑了，自然就买了。其实，大家都差不多……"

林先生一时火冒三丈："越是做不好，越是会找理由！什么运气不运气，你们了解你们的竞争对手吗？"

大家你看看我，我看看你，吓得都不敢吭声了。

林先生说："我刚刚从隔壁店铺过来，人家的员工状态和你们简直是两个世界。他们的货品和我们是差不多的，近期也没有做什么促销活动。但是，他们对每个入店的顾客都能够热情相待，把每个顾客都当成每天的最后一个顾客，认真推荐，细心介绍。他们店铺的陈列和店面形象也比我们好，同样的东西，放到我们店铺，就没有放到人家店铺看着值钱！别总找一些莫须有的理由，什么运气不运气，先看看有好运气自己能不能带过来！"

眼看着员工们低着头不吭声，林先生无可奈何地摇头道："同样是员工，怎么差别这么大呢？"

我做零售经理的时候,也经常到下属的门店去巡店。

巡店的过程中,我经常会问门店的员工:"有没有定期做竞争对手调研?"

员工们总是爽快地回答我:"有啊,欧阳姐,我们经常调研。"

我问:"你们是怎么调研的?"

员工回答我:"我们一天要问好几遍呢,哎,开张了没?"

> **诀窍一点通:**
> 每天都问"开张了没有"的调研,等于没有调研。

我听后,不禁莞尔。

固然,业绩是门店最关注的话题,但影响业绩的因素也非常多。当我们去了解竞争对手时,只是单纯地问业绩如何,而没有去了解业绩背后的原因,就等于是白问了。

例如,我们问隔壁门店:"今天开张了没?"对方回答还没,我们可能很开心,自家已经有了多少进账,他们还没开张。但是,与此同时,我们还需要了解他们没开张背后的原因。也许是因为今天公司开月会,延迟了店铺开门时间;也许是刚好对方今天上午进店客流较少呢;也许是只是一时没开张,待会儿可能会爆发……

例如,当我们了解到隔壁门店今天业绩特别好时,也应该去了解,对方业绩特别好的原因是什么。是对方店铺今天来了新货吗?是今天调整陈列了吗?是今天有个老顾客到了?是今天服务特别好?成交有很多原因,找到对方的原因，就可以一起去学习和借鉴。知己知彼，百战不殆。

记得，当我还只是一名普通的品牌女装专卖店店长的时候，有一次，营销总监在每周例行的店长例会结束后，带我们去了上岛咖啡。原因很简单——那家店的服务特别好。虽然我们不属于同一个细分行业，但同样作为服务业，很多东西还是互通的、值得学习的。那里的服务人员的一举一动都非常优雅到位，职业的微笑，轻巧的举动，真诚热情的眼神，平和的语调，弥漫着咖啡香味的洁净店面，让我们的视觉、听觉、触觉、嗅觉，都受到了很大的触动。等回去之后，我们几位店长都决定要好好揣摩，细细学习。

其实，如果留心的话，生活处处可学习，更何况是我们的竞争对手。每一分业绩形成的背后，都是有原因的。表面漂亮的业绩数字，都是靠背后无尽的付出换来的。哪怕对手有些方面做得不如我们，我们也可以从旁观者的角度发现问题，警醒自己。

锦囊

锦囊一：找到自己最现实的市场

博弈时，我们会发现，往往在一场比赛中，棋逢对手才能够让自己提升最快。对方的经营环境、资金实力、管理水平、产品等很多方面与自己都有相似性，针对的消费群体也是一样的，才有更多可以模拟的地方。所以，了解对方，就很容易找到自己的市场，发现自身的不足，更有针对性地做好营销工作。

无论是从技术、规模还是效益的角度，排在我们前面的都是竞争对手，而我们最容易击败的是排在前面且最靠近的那个。

很多经销商不知道自己的市场在哪里，市场份额到底有多大；很多商家是走一步算一步，经营一天是一天，直到经营不下去的那一天。当初选择产品时也是凭着个人的经验，对市场前景不知道怎么去把握；或者动辄制定"一年四亿，两年八亿"之类的目标，其实只是一些空泛的口号而已，并没有针对自己的细分市场去"精耕细作"。每种产品都有自己的细分市场，去研究最直接的竞争对手的市场，就能知道自己的市场在哪里。

每打败一个竞争对手，自己就会成长并前进一步，我们不能期待一下子超越所有竞争对手，只能逐个超越，把对手变成自己前进路上的台阶。

锦囊二：横向调研，多比多看

横向调研是指整个零售行业或服务行业都可以是我们的学习对象。这是因为，在日常生活和工作中，这些行业和我们一样，同样是面对人，服务人。生活处处皆学问，时时留心，总是没错的。

锦囊三：纵向调研，透彻分析

纵向调研是指针对核心竞争对手，我们要深入透彻地进行了解和分析，而不是走马观花。尤其是竞争对手使用和我们非常相近的产品品类和服务手法时，更要进行详尽地探讨，以求突出我们的差异化（竞争对手的调查表如何制定详见附录五）。

锦囊四：定期调研，把握动态

市场调研是一个长期的工作，因为市场是在不断变化的。一般来说，我们对于门店核心竞争对手的调研了解，至少要保持每周一次的频率，以便及时掌握对手动态。

锦囊五：择善而从，不善改之

调研的过程，不是为了调研而调研，也不是走过场流于形式，而是要在这个过程中找到我们的优势和弱项，更好地提升自己。看到竞争对手做得好的地方，我们要学习，甚至优化。而对于竞争对手做得不好的地方，我们更是要吸取教训，审视自身是否有同样的问题，以此改进。

欧阳寄语：知己知彼，方百战不殆。

团队篇
打造母婴旺店,既要慧眼
识人又要用心育人

我们做事情的一切根源和基础都在于人,在于团队具备多大的能量。如果没有自己的团队,没有有效的人脉资源,没有人员冲锋陷阵,那再宏伟的蓝图都是枉谈。

团队篇 | 打造母婴旺店，既要慧眼识人又要用心育人

宝洁公司的一位前任董事长理查德·杜普利（Richard Deupree）曾经说过："如果你把我们的资金、厂房及品牌留下，把我们的人带走，我们的公司会垮掉；如果你拿走我们的资金、厂房及品牌，而把我们的人留下，10年内我们将重建一切。"在宝洁，人才被认为是比品牌更有价值的资源。

可以说，我们做事情的一切根源和基础都在于人，在于团队具备多大的能量。如果没有自己的团队，没有有效的人脉资源，没有人员冲锋陷阵，那再宏伟的蓝图都是枉谈。

业绩倍增——靠老板，还是靠员工

吴大姐在人流量巨大的妇幼医院旁边开了家母婴店。借助地理位置优势和先天的客流优势，她的生意很是兴旺。

一年后，吴大姐一鼓作气，把隔壁左右两家门面一起租下，原来的店面变成了一家规模不小的综合母婴店。一时间，店铺人潮滚滚，生意兴隆。可随着店铺面积的扩大和更多客流的涌入，吴大姐却越来越觉得力不从心。生意好了，钱挣得多了，可人呢？也更累了。

之前，店铺只有30平方米，吴大姐亲自做店长，另外从老家找了个小姑娘帮忙。小姑娘年纪轻没经验，基本上所有的销售都是吴大姐亲力亲为，小姑娘只做一些打扫卫生、整理货品、送货等简单的工作。因为店面不大，顾客没有那么多，吴大姐一直觉得应付得来。

但现在，情况不一样了。店铺一下子扩大到足足有之前三个那么大；虽然

又招聘了两名店员，但是一时半会儿难以上手；再者，吴大姐总觉得新人难以信任，生意和顾客还是把握在自己手里的好。所以，店铺一直是吴大姐独立支撑的局面。

一天两天还行，时间长了，快50岁的吴大姐有时真的觉得一天下来腰酸背痛，喉咙嘶哑，实在是太辛苦了。

赚钱真是不容易啊！吴大姐感慨万分。再这样下去，自己的健康就要"亮红灯"了。可要想生意做好，不努力怎么行呢？业绩倍增，到底是靠老板，还是靠员工呢？

单店、小店靠人，大店靠机制，多店靠文化。

吴大姐门店的核心是什么？老板，也就是吴大姐自己。但如果没有发挥员工的力量，全部只靠老板一个人，那即便老板累得要死，也很难实现业绩上的突破。

在店长课堂上，我曾经一再强调，永远不要埋怨你的员工多么差劲，因为很多时候，环境的影响很重要，人是可以因环境而改变的。很多时候，不是没有千里马，只是伯乐没把千里马用对地方。员工的言行举止会因环境而改变，因上司而受到影响。

当我们评价某个员工的时候，更应该想到的是我们自己的问题，因为有什么样的将军，就有什么样的士兵。

门店管理同样如此。员工的问题，往往折射出来的就是上司的管理问题。所以，"我"是一切的根源，多从自己身上找原因，而不是一味地去埋怨员工。

一个人的力量总是有限的，如果这个时候再局限于太多的条条框框，不敢信任，不敢放手，那我们"圈养"出来的只是温室里的花朵，如何经得起风吹雨打？哪能达到一日千里的"深圳速度"？

管员工，"圈养"不如"放养"。在风险能承担的情况下，亲力亲为不如让一批敢打敢干的员工去尝试，没有失败就没有经验，没有锻炼就没有成长，谁又不是这样一步步地从不会到会，从青涩到成熟的呢？在团队目标明确、齐心协力的基础上，给员工以信任，适当放权，超前使用，敢于试错，我们会发现，也许员工会回报我们很多惊喜。

锦囊一：培养"自己人"

培养人不仅需要时间和精力，更是一个循序渐进的过程，但最后收获的，也不一定都是自己想要的结果。所以，有些老板不愿意为此投入精力。在当今这个快节奏的时代，能去培养属于自己的"士兵"，更是一件难能可贵的事情。换句话说，在当今社会，光靠金钱维系的感情是极其脆弱的。

作为老板，如果想自己轻松，首先得敢于培养人，愿意培养人。只有培养出"自己人"了，老板才能真正地轻松。俗话说，三个臭皮匠，顶个诸葛亮。一个人的力量总是有限的，如果凡事都是靠老板一个人，招聘那么多员工又有什么意义呢？

锦囊二：设定目标

人的一生中都有无数可能。而要想实现这些可能，关键就在于我们的目标感有多强，驱动我们实现该目标的内在驱动力有多少。

就我们的门店而言，每个月、每天、每人都会有销售目标。当我们面对上级下达的销售指标时，很少有人嫌指标低，嫌指标高的倒大有人在。但请想想，只有确定了目标，我们才有明确的努力方向。只有决心朝这个目标去努力，我们才有驱动力，该目标才有实现的可能。如果没有任何目标，放任自流,那很可能不会有满意的结果。

锦囊三:创造竞争感

有人会说,店铺里一团和气挺好的,干吗要搞什么 PK 呢?其实,PK 自有它的意义,比如可以推动好的,拉动差的,可以促进集体进步,可以实现共赢。表 4-1 即是两个团队的 PK 表。

表 4-1 团结队 PK 太阳队

日 期	团 队	业 绩	是否达标	周冠军	奖 励	月冠军	奖 励
第一周	团结队	50000 元	是	是	团队 100 元	太阳队	太阳队团队集体照片张贴;团队奖励每人电影票 2 张;团队奖金 500 元
	太阳队	49000 元	否				
第二周	团结队	60000 元	是				
	太阳队	64000 元	是	是	团队 100 元		
第三周	团结队	70000 元	是	是	团队 100 元		
	太阳队	69000 元	是				
第四周	团结队	58000 元	是				
	太阳队	60000 元	是	是	团队 100 元		

PK 的关注点主要在于以下几个方面:

一是确定对象,即选定适合参与的对象;

二是选择指标,即设置单一指标或多重指标;

三是制定 PK 规则,即确定 PK 的流程及游戏规则;

四是营造氛围,具体方法可以用标语、口号、启动大会等;

五是奖惩办法,即激励机制;

六是发布信息,即反馈机制;

七是 PK 培训，具体包括细节培训、榜样复制、关键人才的快速培养等；

八是知识化管理，具体包括建立标准流程、资料归档等。

锦囊四：目视化管理

所谓目视化管理，就是以视觉信号为基本手段，以公开化为基本原则，尽可能地让大家看清管理者的要求和意图，借以推动自主管理、自我控制。简单来说，就是我们需要将 PK 过程、店铺工作通过表格、图画、文字的形式表现出来，让大家清晰可见。这样，天天看着，就容易时时想着，有利于店铺工作的完成。

目视化管理可以通过以下方法：

一是愿景墙（愿景树、员工梦想、职业生涯规划图）；

二是产品信息（主题、卖点、功能）；

三是业绩冲刺榜（业绩坐标图、员工龙虎榜、业绩 PK 榜）；

四是重要客情公布栏；

五是金点子创意榜；

六是企业文化（集体活动：旅游、培训）；

七是各类管理公约。

销售 PK 可以导入以下奖项：

一是最佳连带奖；

二是最佳单价奖；

三是挑战历史最高纪录奖；

四是指定库存特别推动奖。

锦囊五：提高员工积极性

员工积极性的提高可以通过以下几个方法来实现：

一是动机，即一定要让员工知道，我在为自己工作；

二是目标，即团队之间一定要有 PK，有互动，有动员；

三是爱，即把员工放在心里，爱的第一步是了解员工；

四是榜样，即明确晋升制度，让员工看到希望，榜样的力量就是讲自己的故事；

五是奖励，即制定短期激励措施，例如，将月奖励改为周奖励；

六是沟通，即情绪管理最好的方式就是沟通，心在一起；

七是马上看到，即要即时奖励。

欧阳寄语：业绩倍增，靠老板，也靠员工。

慧眼识人——要能力,还是要态度

每年,代理商刘老板属下的门店都要进行一次例行的"人员大换血",淘汰差的,招聘新的,以便让这个团队保持生机。但今年,刘老板却有些犹豫。

在诸多下属门店中,A店是面积最大、业绩最好、开店时间最长的一家门店,店里的每个员工也都是刘老板精挑细选,颇费了一番心思的。对于今年这次"大换血"中A店人员的去留,刘老板颇费了一番踌躇。

目前,面临淘汰边缘的有两个人选:阿慧和小乔,刘老板要在这两个人中选择一个辞退。阿慧是跟随A店成长起来的老员工,她能说会道,销售能力很强,但做起店里的日常事务来,就倚仗老员工的资格四处推诿,不愿意好好做。随着刘老板属下门店的不断拓展,A店之前的那批老员工一个个自立门户,纷纷去其他门店担当重任。而阿慧因为自律性差,不能做好表率,且小错不断,一直留在A店作为一名普通的员工。为此,本就心有芥蒂的阿慧平时怨言不断。因为她的资格比较老,故她的言辞也经常影响周围的员工。也正因为如此,这次"换血",阿慧自然排在了前面。

小乔形象颇为娇小可爱,人也姓乔,故大家爱怜地叫她"小乔"。小乔年龄不大,来店时间不长,大概半年,但工作踏实,也能积极配合其他同事,大家都很喜欢她。她唯一的劣势就是做销售时间不长，经验不足，业绩经常在A店排在最后一名。如果以业绩来衡量的话，这次被淘汰的人选毫无悬念，就是小乔。

到底是淘汰阿慧，还是淘汰小乔；是要处事灵活销售能力强但心态不好的员工，还是要心态好吃苦耐劳但销售能力不强的员工？刘老板陷入了沉思。

A店是刘老板属下门店中的领头羊，故A店的员工配置深受刘老板重视。这样一个大店，氛围和配合就更加重要。如果这家龙头店乱了，其他的分店就非常容易受影响。而现实是A店目前不缺销售高手，因为基本个个都是高手，缺的是要稳定、和谐的氛围。

> **诀窍一点通：**
> 在确定淘汰谁之前，老板首先要分析自家门店的实际情况，以及现在的人员需要，什么样的配置是最适合、最急需的。

在这种情况下，阿慧虽然有较丰富的销售经验，也有充分把握顾客的能力，但相对来说，她的负面言行影响更大。因为其特有的老员工的身份，她的言行更能代表公司对工作多年的老员工的姿态，会在无形中影响很多员工的工作方式和工作方向。

小乔虽然目前销售能力在门店排名很差，但作为一个新生代的力量，来到公司时间不长，还有培养空间。而且，小乔生性温柔，心态乐观，不管是和同事，还是和顾客，关系都很融洽。留这样的员工在门店，店铺的氛围只会更简单，更纯粹，而不会越变越复杂。相信只要对她加以适当的引导，在不久的未来，她一定会得到顾客的喜欢，销售更上一层楼。

由此，刘老板毅然决然地做出了决定：辞退阿慧，留下小乔。

像上文案例中刘老板遇到的情况在门店经营中屡见不鲜。不少老板常会忍不住发牢骚:"这世界上怎么就没有完美的员工?""到底该用哪种员工呢?"

其实,要回答这些问题并不难。要想找到适合自家门店的员工,我们需要做好以下几项工作。

选员工,跟门店的发展阶段有关

1. 门店创业期

创业之初,不管谁当老板,都希望能有得力人手,这样自己轻松,店铺也可以赢利,但现实往往不是我们想的那样。

销售人员的工资总是跟业绩挂钩的。刚开业的门店往往客流不稳定,业绩不稳定,这些情况实际上代表的就是收入不稳定。这个时候,销售熟手往往很难留住。而店员换得勤,对店铺伤害是很大的。因为每换一批人,他们都要重新适应、了解店铺和顾客。

而且,一些住在附近的老顾客会时不时来店里转转,三个月来了三次,结果发现店员换了三拨人。这时,顾客也会问:"怎么你们又换人啊?是不是工资不高?""为什么工资不高啊?是不是生意不好啊?""生意为什么不好啊?看来还是你家东西不行……"顾客很容易给店铺贴上某种标签。而且,虽然来店多次,但每次都是新面孔,顾客也很难和店铺建立起感情。从长远看来,这对业绩有伤害。

在团队的初创阶段,各种条件还不够完善,所以首要目标是生存,其次才是发展。同样的,在这个时期的店铺,因为刚刚开业,或者是正处在淡季,顾客群还不稳定,销售业绩更是忽上忽下,员工多为刚刚招聘来的新人,对企业的认知和归属感也不强,本身也不稳定。所以,这时候,对于我们来讲,心态好、工作积极、能踏实工作的员工，是首先要考虑的，然后才是工作技能方面出色的。

当然，能稳定工作，对老板忠心耿耿，同时又有经验，业绩顶呱呱，这样的员工谁都想要。但人才可遇不可求，如果没有，这个时候，宁可自己多辛苦些，也要把员工带出来。

2. 门店高速成长期

成长期的团队往往已经具备一定的实力，也有了一定的知名度，但因为快速的发展，往往在人才方面捉襟见肘。这正如我们的店铺，慢慢地顾客群已经稳定了，旺季也来了，店铺业绩也在开始稳步上升，客流越来越多，这个时候，我们最需要的是销售能力强的员工。他们能帮我们把握这个时期的客流，能创造销售业绩。同时，我们还要大量选拔、任用和培养潜质较好的年轻人，形成人才梯队，并适时淘汰不合企业发展需要的人。这时，人才就是我们在竞争中取胜的关键因素。

3. 门店成熟期

成熟同时也就意味着收获。团队到了这个阶段，事业基础已经十分稳固，人才队伍也已经基本成型。正如我们的店铺到了稳步发展、众望所归的时候，会有很多人慕名而来，希望加入我们的团队。而这时，我们主要考虑的是人才体制的优化和互补，注重人才队伍的建设和人才梯队的培养，保持和加强团队的战斗力。与此同时，这个阶段也是团队极易发生内耗的阶段，所以也一定要适当引进新鲜的血液，与时俱进。

4. 门店变革期或衰退期

衰退期的员工选择和创业期的员工选择有异曲同工之处，因为都是在团队的特殊时期，同样都需要齐心协力共同打拼的人。这个时期的员工，坚持下来，把握机会，就是胜利。

当然，以上观点只是泛泛而谈，面对实际情况，往往需要做出特定的选择，甚至是采用完全相反的风格。

但需要注意的是，所谓的选择其实是双向选择。在我们选择员工的同时，员工也在选择我们。所以，我们在聘用员工的时候，也要检查一下自己是否驾驭得了这种员工，能否给员工带来工作上的激情，能否让员工对公司有一个好的印象。

选员工，不看个体，看整体

我们选择员工时，不要只看员工个体是不是完美、优秀，还要看他是否符合团队目前发展阶段的需要。换句话说，一个优秀的个人，如果和团队其他成员不能互补成长，反而只会降低工作效率。就像大家熟知的《西游记》，取经团队成员虽然只有四个，却是一个最经典的组合。

1. 团队的领头人——唐僧

作为团队的领导者，唐僧降妖伏怪的能力是最弱的，只是一个手无缚鸡之力的文弱之人。那么，观音菩萨为什么选唐僧作为取经团队的领头人呢？

首先，他够忠诚，够坚定，目标明确，忠贞不移。而忠诚度和坚定，正是在千难万险的取经途中最重要的要素。

其次，他善良正直，人品好，而这些也是作为领导者必需的要素。

有人说，唐僧废话多，一介凡人，管理力度不行。可事实并非如此。在《西游记》中，唐僧为束缚管教孙悟空，曾多次念紧箍咒。这样的管理力度还不够么？

选择团队的领头人，最主要是看他对企业的忠诚度如何及是否坚定不移。这样，才能最大限度上避免出现偏差。另外，要适当放权，同时也要授权给他"紧箍咒"。这样，他才能去约束比他业务能力强的员工。当然，前提是这个领头人人品没有问题，够正直。

2. 团队的亮点人物——孙悟空

没有孙悟空，唐僧取经也不会成功。斗战圣佛的累累功勋也是有目共睹的。当然，观音菩萨给了悟空足够的荣耀，也就是足够的成就感。最后，只有悟空和唐僧一起成佛——唐僧（旃檀功德佛），悟空（斗战圣佛），八戒（净坛使者），沙僧（金身罗汉）。

能力强的人不好管，那观音菩萨是如何管的呢？首先，她给予悟空恩惠，使悟空摆脱了压在身上500年的大山。其次，在整个取经的过程中，她都给悟空以宽容、真诚的关怀。有朋友评论说，观音菩萨对悟空的爱护，几乎就可以当作一种慈祥的母爱。对于无父无母的孤儿孙悟空来说，这种真挚的感情是相当难能可贵的。她既给了悟空三根救命毫毛予以放权，同时又给了唐僧"紧箍咒"，使悟空受到约束。连悟空这样桀骜不驯的员工最后都能成佛，说明观音菩萨的管理还是有一手的。

锦囊一：要选最适合的人，而不一定是最优秀的人

留与不留，这是个问题。要做出决定也并不难，只是需要看这个问题是在什么阶段，这个时候我们最需要什么。

固然，能力与心态兼备的员工是完美的员工，我们都想要，但是往往很多时候，没有办法兼顾。如果在初创阶段，业绩不稳定，我们对能力的需求可能是最大的。但是，如果此时能力强的人带来的负面影响很大，我们就需要在自己可控的范围内，宁可损失一些销售业绩，也要把他辞退，以换来团队的宁静和积极向上。

针对自己团队的不同阶段和目前人员的组成，选择最适合店铺现在发展的人才，才能恰到好处地取长补短，让团队得到更好的发展。不然，有可能因内耗造成更大的损失。

锦囊二：不同阶段需要不同的人

在创业阶段，或是在新店开业阶段，我们需要的一定是心态积极的、能够坚守阵地的员工；当客流慢慢稳定，店铺冲业绩的时候，我们一定要有销售能力强的员工；当店铺走向正规，慢慢老化的时候，我们需要的是有冲劲儿、能够给店铺带来新鲜血液的员工。

锦囊三：态度比技能更重要

态度比技能更重要。这是不变的真理，也是我们在面对同样条件的人选时更应该侧重的方面。

很多时候，心态的危害比能力的不足影响更大。作为管理者，要小心衡量。

例如上文中的阿慧，因为其资深员工的身份，她的言行在员工当中颇有影响力。那么，在这种情况下，如果她的心态不够积极，可能会影响整个团队的士气。一个团队之所以制胜，最重要就是在于精、气、神，也就是我们说的心态。在这个时刻，阿慧的心态不佳，造成的负面影响就很大了。

有目标的销售人员，其业绩可能会超越那些技巧比他好但没有追求、没有目标的销售人员。真正的销售高手不是依靠先天的条件，而是依靠后天的努力和奋斗，依靠的是内心那种不服输的劲头儿和无止境的追求。

欧阳寄语：适合比完美更重要。

措施用人——要用心，还是要迁就

尊敬的欧阳老师：

您好！

不知道您何时能看到我的这封邮件，可是最近我为员工的事情烦恼得不得了！没办法，虽说此时夜深了，我还是无法入眠，希望远方的您能给我指点一条明路！

……

我是×××经销商，今年29岁，经营店铺已有4年，今年又开了家新店，需新招人手。在管理上，我没有经验，有的只是从书本、课堂上学到的一些皮毛。之前，因为只有一家店，所以自己也参与了销售。几位员工都是"90后"的女孩，我年纪也不大，很快就和她们打成了一片。

由于经营品类的关系，我们一天中会有很多空闲的时间，但员工从来不会主动整理货物，打扫卫生，都是喊一声做一下。而且，她们一个个都很现实，即使平日在与我聊天中，也时不时地表示"做事就要有回报"。

这次新店开业要打扫卫生和陈列，我安排一位员工加班一天。我们店是上两天休息一天，加班一天多加50元（法定节假日除外）。结果，那位员工直接就说："加班费太少了，最少也得 100 块才行。不然，我换班吧！"当时我差点儿气晕……

在跟其他经销商说起这件事时，他们说我的员工是不是都掉到钱眼儿里去了！大家都认为，这样的员工不服从安排，得辞退！当然，这位员工销售能力还不错，但平时很懒，上班也经常坐在给顾客预留的沙发上！

这些我都清楚，而且明白这都是我带得不好造成的。因为她是第一个入职的员工，之前对她太好，怕她刚来站太久会累，让她自己调节着休息一下，结果变成她的理所当然。

> 诀窍一点通：
> 问题的形成都是日积月累的。

可是，后来再招进来的员工，都跟她一样，随性，无纪律。为此，我下狠心辞退了一个……

之后，我又招进来一个有店长经验的。在面试时，我感觉她各方面都不错，并对她寄予了厚望，想把这家店交给她打理，所以把店里人员的情况都一一跟她讨论。结果，她竟然在背后议论说老板说谁如何，谁做得不好……更令人无语的是，她只说大家的缺点，优点一点儿没提，还说我不会安排事情，根本不像个老板……

其实，只要她说的是对的，我都愿意接受。另外，在制度上，我也做了修改，可收到的效果并不理想：我同意她们提出的老板做的单也要分在店里，而店内的卫生情况、团队的精神面貌却无太大的改变，员工们还是一副得过且过的样子。

更严重的是，上次在点货时，她知道了我们店里的进货价。这完全属于商业机密了！这点有过店长经验的她应该很清楚，结果却在背地里和同事们议论她们赚多少，老板可以赚多少。我忍无可忍，给她记了小过，没想到她马上递交了辞职书……

其他老板都说这种人不能留，要毫不犹豫地辞退，我也真的想这么做！可是，正赶在这个节骨眼儿上，我该怎么办？新店开业了，新员工还没培训上岗，老员工要是都走了，老店不就成了空壳了么！可如果这样的员工留在老店，我还能招到好的员工么？而且，现在员工不好招，培训上手又不容易！

那个递了辞职信的人我要留么？她犯了大忌，但也是个销售人才！没带好她，我也有责任！那个做事懒散的人是不是也要一起辞掉？这两个员工我要怎么办？是留是辞？头大呀！欧阳老师，我该如何抉择？

分析

××经理：

你好，非常感谢你对我的信任！

非常理解你的感受。确实目前你这边也面临着很多问题和困惑。这些问题都是关于用人方面的，很多也与之前选人出现失误、用人没有把握好尺度有关。

从选人的角度来说，这两个员工都不是我们想要的员工。

第一个员工倚老卖老、懒散、现实，而且已经明显造成了不良的影响，特别是在后续新进人员中影响极坏。我们权且把她称作A员工。

第二个曾经有店长的经验，本来是你培养的对象，但在原则性问题上出现了问题，离间老板与员工的关系，甚至没有考虑老板的立场，品质有很大的问题。我们权且把她称作B员工。

如果用选人的标准来看，这两个确实都是要毫不犹豫辞退的。因为都是品质出了问题，造成了很大的负面影响。如果是技能不够，还可以原谅，给机会培养。品质的问题难以调整。

但现在既然已经出现了这么恶劣的情况，无论如何，我们也只能在现有的情况下尽量去想办法解决。这个时候懊悔、埋怨都没有用，只有想办法去解决，然后在今后的工作中去避免。

目前，可能需要你亲自做的工作就更多，要靠你自己去做出调整。如果可能的话，已经提出离职的 B 员工，就让她离职。这个时候，她自己既然提出离职，往往是吓唬你的。如果你心软挽留她，那就惨了，她留下也会变本加厉地搞破坏，对其他员工的影响就更差。还不如顺势批准她的辞职，让她走，顺便给那个老员工 A 一个下马威。要走就走，B 员工没有任何价值让你去主动挽留她。

当你真的批准了 B 员工的辞职，后面的事情有两种可能：一是她本来只是威胁你，当你真的硬起心来，她也有可能会改变初衷，又愿意留下来。如果是这种情况，可以先让她留下来，但要说明，既然留下来，就要认识到自己的错误，对之前的工作进行改进。这样，你就掌握了主动权，就能为下一步有合适人选、需要淘汰她时做好准备。

二是你不挽留她，她就离开了。如果是这种情况，你面临的是缺人手的问题。既然之前你也在店铺参与过销售，那么在这个节骨眼儿上，只有自己先辛苦一些，实在不行就自己上，先把店铺顶起来，或者借用一下亲戚朋友的资源，但无论如何不能在员工面前再让他们觉得离了谁天都塌了，要让他们看到离了谁地球照样转，然后同时你再紧锣密鼓地抓紧招人。

A 员工暂且先不动。她既然是你的第一个员工，现在也没辞职，在你缺人手的时候还是不要先主动辞退她，有人手后再慢慢淘汰她。这个过程会很累，但没有其他更好的办法。

另外，问题的关键还是在于你自己能否在员工面前树立起新形象，体现你的魄力和决断，重整店铺的作风。既然这两个员工本来都是不合格的，那么现阶段，也许是你要重新思索、重新调整下一步员工安排的关键转折点。借这个由头，运用一切资源，清除一下隐患也未尝不可，只是你自己要更辛苦，要亲自来做，直到你找到合适的新人，重整店铺的作风之后。

以上是给你的一些粗浅建议。因具体的情况和场景毕竟非感同身受，所以不一定百分之百适合你这边的情况，权作参考。

希望能够为你提供一些微薄的帮助。祝越来越好！

后来，我又收到了××经理的回信——

非常感谢欧阳老师的建议，您把问题处理得很全面！谢谢您百忙之中对我的帮助！

关于A、B员工辞退这件事，我老公的意见是要么都留，要么都辞退！但因为缺人手，B员工第一次开罚单递辞呈，我问了原因……昨天听另一个员工说，她又想留下来，但因为向我提出辞职两次了，而且我都同意了，怕我怪她……

就如您的建议，B员工不能留，如果她主动向我提出要留下来，也要讲清对之前的工作进行改进！

……

这是一位加盟商学员发给我的求助邮件，上文是我们的来往邮件内容。后面我们又沟通了几次。总之，最后的结果是，提出辞职的员工又表示不走了。正如我们所预料的，这两个员工是私下商量好的，故意给老板下马威罢了。一看老板不示弱，自己又败下阵来。

锦囊一：知己知彼，人尽其才

世有伯乐，然后有千里马。千里马常有，而伯乐不常有。

意思是说，世上先有了能识别千里马良驹的伯乐，然后才有所谓的千里马。为什么呢？因为没有伯乐，就没有人知道这是千里马啊！所以，伯乐比千里马更难得，千里马常常会有，伯乐反而不常有。

从这句话中，我们不难体会到发现人才、识别人才、善用人才的重要性。

我和很多代理商、加盟商沟通的时候，发现他们用店长的标准就是，谁的业绩好，就提拔谁。因为店长工资高，把业绩高的提拔起来也就相当于变相地给他涨了工资。这当然是一个最简单的方法，但也让不止一位老板在这个问题上遇到了麻烦，因为能做好销售的人不一定能做一个好店长。当然，有一些销售高手也擅长管理，但那毕竟是难得的巧合。

多关心了解每一个员工，发现员工的性格及特长，知己知彼，才能更好地把适合的人放在适合的位置上，从而也能更好地让给员工发挥自己的特长，创造出更大的效益。

锦囊二：言传身教，以身作则

真正的老师应该言传身教。即使是教导员工有目标、有追求，店长自己首先也应该是一个有目标、有追求的人。要不甘于现状，使店铺里始终保持着一种紧张的竞争氛围和积极向上的气息，身体力行地去感染和引导员工，而不要躺在功劳簿上"吃老本"。

员工不会认为我们的经验有多么值钱。如果我们能用能力说服他，用魅力影响他，他就会对我们佩服得五体投地，进而向我们学习。

锦囊三：切实帮助，而非说教

我们需要制订切合员工实际的培养计划，帮助员工具体提升他们的某些方面，真正传授给员工工作中实实在在的经验和技巧，而不是单纯的说教。

批评"90后"也是需要技巧的，忠言不一定要逆耳，因为一句不合适的话就可能导致员工对我们的能力产生怀疑，甚至辞职。这并不是告诉大家可以容忍错误，而是要多给这一代员工一些空间、一些机会。工作过程中要给予细节的指导，同样也要告诉他们：结果一样也很重要。正面地肯定其进步，指出其不足并加以远景的激励，"90后"员工会迸发出更大的潜能。

锦囊四：时时刻刻鼓励和激励，激发工作热忱

"90后"对工作并非不投入，只是很多时候，他们也会对工作和公司有很多想法，但是这些想法一般都不会主动说出来，那么这时候就需要管理者去主动聆听，动之以情、晓之以理地去引导。"90后"是比较特立独行的一代人，如果无法了解"90后"真正的内心世界，他们也就无法真正领会我们的意图，执行力自然也就差了。

而且，"90后"员工不怕工作难度高，就怕工作平淡无奇、重复无聊、没有发挥的空间。当然，在让"90后"员工独立负责工作之前，充分的培训和呼之即来的现场指导是非常必要的。

我们要学会时时刻刻鼓励和激励员工，激发他们的工作热忱，让他们找到工作的成就感和荣誉感，愿意全身心付出。

欧阳寄语：用人要用心。

带人带心——要高压，还是要经营

当时我还在企业里任职，去帮助一个加盟商客户开新店，做新店培训等工作。

这个客户门店的员工给我留下了极深的印象：个个都是精英，尤其是店长，非常突出，简直可谓是我们想要的完美型员工，自身形象气质又好，谈吐很得体，工作踏实负责，销售做得好，店铺管理经验也很有一套。

辅导完客户新店开业之后，我就回公司总部，开始了其他工作。结果，三个月后，一个消息传到了我的耳中。这个客户门店的第一批员工全部离职了，而且换的第二批员工也离职了大半，现在店铺苦于无人看店，正常营业都成问题。

一时之间，我也很困惑，这家店怎么会在这么短的时间里出现这样大的变故？还好，我当时手机里还存有那个店长的电话，就拨了过去。寒暄了几句之后，我直奔主题："小美，听说你们都离职了，怎么回事啊？我记得当时开店时那批员工都很不错，我还说个个都是精英，尤其是你，给我留下了很深的印象，怎么会有现在这样的局面呢？"

电话那头停顿了一下，小美略有些尴尬地笑着说："欧阳姐，这事儿连你都知道啦？"

我说："对呀，公司总部都知道了。小美，如果你信得过欧阳姐的话，我希望你能够把真实的原因告诉我，也许可以帮助我们把管理工作做得更好。"

小美沉吟了一下："欧阳姐，既然您问，我也不瞒您。您应该也知道，当初我来店里是我们老板高薪挖过来的吧？"

我说知道。

小美继续说："不光是我，我们店铺每个人都是精英，而且确实都是我们老板高薪挖过来的。我们老板在工资方面确实是很舍得投入的。"

我说："那就更奇怪了，到底是什么原因让大家最后都放弃了呢？"

电话那头的声音有些落寞："欧阳姐，其实您说我们打工到底是为了什么呢？如果不是实在待不下去，我也不会走。我拿的薪水在我们当地是远远高出正常水平的，老板对我也寄予了很大的期望。但是，您在店铺待过，您也知道，有时候不是每天生意都那么好，尤其是我们新店开业期间，老顾客的信任还没有建立起来，业绩就更加不稳定，这是需要一个周期培养的。但是，我们老板不这么认为，他觉得，他花了高薪把我们招过来，就要有相应的回报。每次他到店铺来，如果生意好的话还好，如果他来的时候生意不好，马上指着我的鼻子破口大骂：'我招你过来是让你赚钱的，你怎么光赔钱？！'还有，每次他到店铺，如果看到是我做销售还好，如果刚好那个顾客不是我服务，又会指着我的鼻子破口大骂：'我要你是让你做销售，为什么你不做销售老让别人做销售，我招你做什么？！'"

> **诀窍一点通：**
> 越有能力的员工，越注重归属感和工作的成就感。不分青红皂白的责备只会让人渐行渐远。

听到电话那头的话语，我不禁有些惊讶，除了不自觉的一声"啊"之外，一时不知说点什么才好。

小美接着说:"后来,我实在受不了,就辞职了。我们老板也不只对我一个人这样,对其他员工也都是大呼小叫的。没多久,我们那批员工都离职了。现在的情况您也知道。"

放下电话,我沉默不语。

做生意什么环节最难?不是找铺面,不是找货源,不是装修,不是开发客户,不是做销售,而是管人。

案例中的这位门店老板,舍得用高薪去配置一批新店员工,却不懂得怎样管理和留住这批高能力的员工。

或许,在他的眼里,这些员工只是打工的而已,只是冲着钱来的而已,只是店铺赚钱的工具而已。他付出高薪,员工回报高业绩,公平合理,谁也不欠谁,不用那么费劲儿,更不用那么费心去做员工管理。

事实证明,他错了。

每个人择业都有很多动机,薪资确实是其中重要的一项,但不是唯一的一项。

在工作的过程中,能否感受到愉悦的工作环境,能否有成就感,能否做自己喜欢、感兴趣的事情,能否感受到团队的氛围和荣誉感,都是员工择业的原因之一。

可以说,在现在这个年代,尤其在面对越来越年轻,也越来越有个性的员工群体,不用心是不行的。只有高压,没有和风,更是万万不行的。

锦囊一：拥有一颗平等心

面对现在越来越有个性的年轻群体，我们不要把对方当小孩子或下级，而要平等对待。也许，他们的思维和某些方面的知识，还远远超过我们。现在这个世界太精彩，年轻人接触的资讯很广，尊重和平等是最起码的相处原则。

锦囊二：保持一颗平常心

所谓平常心，就是要有包容之心。员工会不会犯错呢？先看自己会不会犯错。员工是人，不是神，偶尔出现瑕疵和纰漏也很正常。我们可以立下规矩，规避下次重犯，但不可一次否定一切。

锦囊三：常怀一颗经营心

生意需要经营，员工管理和沟通一样也需要经营。沟通的技巧和套路适用于工作和生活的每个角落。要想真正赢得对方的心，我们首先也要以心相对，以心换心。平等是基础，认同和理解是关键，引导和激励是目的。遇到问题，动作分解，有序进行，分步解决。温和而坚定地表明态度，解决问题。

欧阳寄语：老板不应满足于只雇用员工的双手，更要激励员工的内心。

用心育人——要长远，还是要眼前

加盟商张老板最近眉头紧皱，犯起了愁。

选品牌、挑位置、跟装修、预订货品、招聘员工，经过几个月紧锣密鼓的筹备之后，张老板加盟的某母婴连锁店终于开张了。本以为好不容易该松口气了，谁知张老板在用人上犯了愁。

因为是新店，张老板也是刚刚加盟，之前没有多少管理员工的经验，就怕找到"老油条"式的导购，不好管，所以特地找了两三个没有经验的年轻女孩子来当导购。他想着她们年龄小一些，好管理一些，而且她们本身也像个大孩子，卖母婴用品应该比较合适，跟小孩子比较容易打成一片。

谁知，刚开业第三天，张老板就被一个员工差点儿气炸肺。这个员工大概在家里娇生惯养，又加上没工作经验，结果顾客只说了一句，她就受不了了，竟然跟顾客吵了起来，害得张老板在后边一个劲儿道歉。

这件事刚解决了没几天，又一个导购提出了辞职，原因是在这里上班没意思。

这下，张老板可是吃够了年轻员工的苦头。这些年轻人不稳定，还容易得罪顾客，教起来又太慢，真是让人头痛。

接下来，张老板还是选择招聘有经验的员工，最起码不用培养不用教。可是，问题更大了：一来，这些有经验的"老江湖"经常跟老板就薪资的问题讨价还价；二来，他们在工作中也会偷懒耍滑；三来，员工彼此间都存着点小心思，店铺的氛围总是怪怪的。

一时间，张老板迷茫了，到底该用什么样的人？难道没有现成的人可以用吗？

张老板面临的问题，是在门店用人中常见的问题。

张老板因为卖母婴用品，所以选择了年轻的女孩子，他认为她们跟小孩子会更有共同语言。实际上，很多时候，来买母婴用品的并非是孩子本人，而是他们的监护人——妈妈、爸爸，或者其他长辈亲戚。而这些女孩子因为年轻，没有成家，更没有育儿的经验，对孩子的性格习性并不了解，而且因为没有（或少有）耐性，反而很难和孩子的父母沟通。只有和购买产品的真正顾客群体有共同语言，透彻了解他们的想法，才能把产品销售出去。

得人才者得天下！一切的竞争，归根结底是人才的竞争。选人用人，关乎事业的成败。人们常说，选对人，用好人。那么，选导购，到底跟年龄有关吗？

从上述的分析，我们可以看出，因为定位和核心顾客群体的不同，确实对员工的年龄有一定的要求。例如，如果是销售孕妇装或婴儿用品的导购，最好是已婚已育的，自己有怀孕和生育的经验，这样在她们的核心顾客群体——孕妇来购物的时候，能够给出更多的切身实用的建议，而且因为其本身是"过来人"，即使是谈及婚育等私密话题时，也更容易赢得顾客的信赖，从而会选择她所推荐的商品。

用人时，最好用的人永远是自己培养出来的。育人也有三个原则：

一、有文化

一个团队如果没有文化，好比一支部队没有军心，一个团队没有精神支撑。换句话说，文化就是价值观，就是判断大是大非的标准。同样的一件事情，不同的价值观，可能对待的态度和处理的结果都有所不同。成功的团队一定有自己的文化，也就是自己的精神信仰，自己的团队处事标准。

二、有工具

工具是什么？就是模板。不管是制度还是技术，都可以做成模板。新员工接受培训，通常被称为"入模子"。这一条，其实是对第一条的深化，是把精神信仰转化为实际行动，并为之铺散开来。解决不了工具模板的问题，就是解决不了团队经验知识的积累和传承问题。

工具也有原则——简单。简单是我们呈现出来的方式。简单不代表初级，真的好是简单又好用；深入浅出，而非浅入深出。

三、有平常心

自古以来，师者都是被放置于受人尊重的位置，原因有很多。形容老师最多的是蜡烛，"燃烧了自己，照亮了别人"。这句话虽然一方面在说施教的伟大；另一方面其实是在表达，施教一直是在付出，但自身并不一定有回报。如果我们在施教的同时一直在精打细算图回报，很可能施教的过程中就少了平常心。

锦囊一：教导老员工，帮带新员工

要显示资深员工表率作用，让老员工参与到对新人的辅导中去。同时，在新老员工之间出现问题时，最好让老员工自己出来主动解决问题。在一个团队当中，如果出现不和谐的情况，老员工的影响非常重要。这个时候，一定要和老员工先沟通清楚，然后让他再去影响大家的想法，起到带头的作用。

新员工必须参加一系列的培训课程，才能掌握日常工作所需的知识和技巧。这些知识和技巧包括以下几个方面：一是对公司的认识，二是顾客服务，三是产品知识，四是日常运作，五是销售技巧，六是处理顾客投诉。新员工容易遇到的困难和需要如表4-2所示。

表4-2 新员工容易遇到的困难和需要

遇到的困难	需　要
环境不熟悉	协助了解环境
运作不了解	有系统教练，有人负责
融入同事的氛围	安排与不同同事合作的机会
太多东西要学习	教练有步骤，有焦点
不敢问太多	鼓励及肯定
想尝试，但害怕出错	了解底线，多分享
前景不明朗	
缺少信心	

新员工分配到工作部门之后，有关实际的工作内容的指导大都由同部门的老员工来执行。因此，在新员工来之前，我们就必须先培训老员工如何去指导新员工。

老员工在指导新员工时需要特别注意以下几个方面：

1. 要了解新员工的特质、特征

现代年轻人的特质、特征大致包括以下几个方面：

一是以自我为中心；

二是不容易认同权威；

三是没有指示，就不会有行动；

四是没有义务（责任）意识，权利意识则很强；

五是注重休闲活动甚于工作。

老员工应该好好理解这种特质、特征，及时加以指导使他们能够改正。

2. 培训内容要清楚明确

老员工指导新员工时，要准备清楚的培训内容。例如，要教新员工一些工作内容时，千万不可毫无头绪，不知道教些什么。

因此，老员工需要将希望教给新员工的东西先整理归类，将培训的项目一条一条地明确列举出来。如果可能的话，将所要培训的项目，以文字的方式纪录并送交上司或负责人过目。如果能够这么做的话，老员工就不会漏掉任何重要的部分，就可以确实地培训新员工了。

3. 培训方式多样化

确定教导内容之后，接着就是培训方法了，也就是如何指导培训的方法。例如，自己先示范表演一次并说明工作内容，再由新员工亲手去做，若有做不好的地方再加以指正，依顺序来培训。关于培训的顺序和方法，只要达到培训的效果即可。

当然，培训内容不同，培训的方法也会有所改变。老员工必须清楚地指示每个培训项目的培训方法。无论如何，新员工如果不能很清楚、很正确地学习知识、技术的话，就是培训的方法不好，必须调整。

4. 掌握培训、指导的技巧

培训、指导是有技巧的。例如，集体培训时可以分为讲授法和分组讨论法等方法。老员工教新员工一般都是采用一对一的个别指导法，这种个别指导法也有些技巧。虽然有技巧，但如果没有认真去教的话，也不能提高培训、指导的效果。个别指导的技巧有：说明法、说服法、问题解答法、辅导法，以及作业挑战法等主要的技巧。

我们要利用这些方法达到培训的效果，就必须让老员工知道什么是培训的方法，这种培训方法适用于什么样的对象，各种方法的优点和缺点，以及如何具体运用。毕竟，将各种培训方法运用在实际的操作上，才是最重要的。

锦囊二：新员工，先"入模"

我们需要在例会上逐一介绍新同事，并欢迎新同事的加入，同时指定某资深老员工或特定人员帮带，即"师傅"。

锦囊三：熟悉环境

由店长或"师傅"带领新员工熟悉环境。

这些需要熟悉的内容包括：

店面设施的使用方法；

考勤签到及更衣地点；

仪容仪表要求及个人物品存放；

班次安排及上下班时间；

库房、卫生间、就餐场所指引。

锦囊四：了解工作程序及工作方法

新员工分为有经验和无经验的两类。其中，有经验的，更需详细地指导、要求，避免延续以往习惯；无经验的，则需从头讲起。

工作程序主要包括以下几个方面：

日常工作程序；

日常清洁要求；

产品知识和品牌知识的了解；

正确的销售技巧；

服务标准的要求；

账目报表填写的要求；

店面货品的陈列摆放要求；

库房的整理及货品清洁；

货品的熨烫及整理；

调货及返货程序；

公司概况的了解及企业文化的灌输；

店铺管理制度的了解。

教的方法：示范讲解—尝试进行工作—给予回应—再实习。

锦囊五：定期考核及沟通

虽说是新员工，但也需有必要的定期考核。这样，新员工才能检验自己的所学，并逐渐成长为称职的员工。此外，沟通也是非常必要的，可以帮助员工更好地融入工作环境。

欧阳寄语：新员工的培养比老员工的培养更重要，因为我们有可能培育一个好苗子，也有可能让一个好苗子毁掉。

策略留人——要说教,还是要留心

案例一

零售经理小范早上一来到办公室,就看到桌面上放了一个牛皮纸信封,封得严严实实。糟了,肯定又有员工要离职了。现在快年底了,很难招到人,怎么办呢?小范拿起了信封,果然又是一封离职信。

尊敬的公司各位领导:

您好!

我因个人原因,申请离职,望公司予以批准为谢。

二十五店员工　小倩

×月×日

里面还附有一张填好的公司统一格式的《离职申请表》。

虽然只有寥寥几句话,但却让小范心底压了块大石头。

为什么呢?

因为写这封离职信的员工来公司大约半年时间,准确来说,是刚刚上手的新员工,好不容易培养出来一个,又要走了。而且,小倩是小范亲自招聘进来的,低调、肯干又稳定。这到底是怎么回事呢?小范实在是摸不着头脑。

不管怎样,还是先了解一下情况吧。

小范先打通了二十五店店长，也就是小倩顶头上司的电话。店长的回复没有什么特别之处，也搞不清楚原因。小范决定和小倩当面聊聊。

下午下班之后，小倩如约来到了小范的办公室。

> **诀窍一点通：**
> 员工的离职面谈一定要做，即使不是为了留人。因为在这个时候，我们才有可能听到最真实的话。

小范问了小倩离职的原因，结果小倩的回答让小范大吃一惊。

"范经理，跟您说实话吧。从一进公司，我就没打算在这里长待。"

"为什么呢？我记得，你入职的时候还是我面试录用的呢，当时你可是雄心勃勃啊！"小范疑惑地说。

"没错，当时是您面试的我。您当时对我描绘的公司的前景和这里的工作环境，我都非常满意，然后对您的印象也特别好，所以我愿意留下来，从事这份导购工作。但当我来到店铺开始试用的时候，问题就出来了。我对店铺的第一印象就非常差。记得第一天来上班的时候，我很想和大家搞好关系，热情地和每个人打招呼，可是这里的老员工对我爱理不理的，挺居高临下的。然后，店长虽然给我安排了个师傅带我，可那个师傅根本没教我什么，让我做的最多的就是给她打下手，吆喝我做这做那。我一开始就觉得在这里上班可没意思了，不想做下去。可是，我已经三个月没工作了，也不想就这样离职，就在这里待了一段时间。现在有另外一份合适的工作，我就提出了离职。"小倩倒毫不隐瞒，一五一十地把自己的想法全倒了出来，一副铁了心要离开的架势。

小范一下子明白了。他还想再努力一把，清了清嗓子，对小倩说："我也非常遗憾，平时对你的关注不够，没有及时和你沟通，了解你的工作状态，导致了你现在的状况。对于你的离职，我是负有一定责任的。目前你这边的情况我大概了解了，主要是和店铺的同事、主管沟通协作不是很理想。如果你还对公司有认可的话,我愿意帮你尽量协调,安排你到另外一家门店去上班,并且以后会和你保持良好的沟通。你愿意吗?"

"那我考虑一下吧,明天回复您好吗?"小倩说。

"好的。希望你能够留下来,我看好你。"小范站了起来,恳切地和小倩握手。

这件事情的结果我们暂且不去讨论,可能性各占一半。我们先来设想一下,小倩是从什么时候开始想离职的?我们留人,到底应该从什么时候开始留起呢?是从员工提出离职的时候吗?答案显然不是。

我们会发现,在上文中,小倩因为公司的发展前景,因为对面试官的认可,来到这家公司,却在试用过程中对直接主管产生了不满,从而埋下了离开的导火索。

对于员工来说,公司的大好前景实际上只是遥远的、不可触摸的,而真正和员工息息相关的,是员工身边每天都要接触的同事、直接主管。他们都关系着这个员工在这里上班开心与否,是否愿意留下来。

更有甚者,我们在很多招聘现场还可以看到,作为面试官本人,却没有任何亲和力,居高临下地面对应聘者。即使应聘者在现场因为有求于人不得不唯唯诺诺,但在内心可能也会对这个面试官,以及这个面试官所代表的公司,印象大打折扣。哪怕因为现实问题不得不先寻找一份工作"屈就",但他的忠诚度和归属感指数肯定会很低,而当有了合适的机会之后,这类员工的不稳定性也是最高的,会在第一时间离我们而去。因为首先,我们没有"俘虏"他的心。

案例二

"这个小李,也太没良心了。"销售经理王浩早上一到办公室,就气急败坏地破口大骂。

原来,王浩属下的门店中,凤凰一店是业绩最好、面积也最大的。这个店铺里有十几个员工,业绩一直遥遥领先,是王浩为之骄傲的一个门店。

本来凤凰一店的工作一直挺平稳的,但上周店里的小李离职了,据说是被某个竞争对手高薪挖走了。店里有十几个人,少了一两个一时半会儿影响也不太大,赶紧招人,再协调一下,不会影响正常工作。谁知这个小李不光自己走了,走的时候还"蛊惑"其他导购,称新老板慷慨大方,工作轻松简单。这不,光是这两天,王浩就已经连续接到两封离职申请书了,今天一大早又看到了第三封,而这几个当事者,都是平时和小李的私交比较好又没什么主见的人。

"真是一帮没良心的,说走就走,眼里只有钱。"王浩愤愤地在心里嘟囔。

愤怒归愤怒,可问题也得解决啊!小李已经离职了,不能就这样让这几个人都离职了啊。如果那样,店里的工作岂不一团糟,凭空少了几个人,谁来干活儿啊?王浩边叹气边给凤凰一店的店长打电话,询问那几个员工分别是什么班次,要跟他们聊一聊。

> **诀窍一点通:**
> 和员工沟通的时机很重要。员工提出离职后,我们应该在第一时间与员工进行沟通,尽量控制事态的发展。

不久,下了早班的导购小肖就来到了王浩的办公室。

"您好,王经理。"小肖一边打招呼,一边小心翼翼地在王浩对面的椅子上坐了下来。

"嗯,不用跟我客套了,我看到你的离职申请了。"王浩头也不抬,开门见山地说。

"哦,是吗?"小肖有点不好意思,脸上青一阵白一阵。

"别卖关子了,说吧,小李给你们许诺了什么好处?"王浩把转椅往后边一推,双手抱胸,直视着小肖,问道。

"您说什么呀,王经理,我听不明白。我,我确实是家里有事,所以才提出离职……"小肖结结巴巴地解释道。

"算了吧。"王浩不耐烦地摆摆手,"你这套呀,蒙得住别人,蒙不住我。我早知道你们几个和小李鬼鬼祟祟了。小李不是刚跳槽了吗?是不是跟你们说过新东家有多好,让你们也一起去呀?"

"这,王经理……不是像您想的这样……"小肖苍白地辩解道。

"不就是我们的竞争对手A品牌吗?我对这个公司太了解了,他们的总监以前就在我们公司干过,干了两年没出什么成绩,没办法才到A品牌混日子去了。他们的业绩比我们差远了。别听小李告诉你他们的待遇有多好,我告诉你,我再清楚不过了,他们的压力也很大的,任务很高。完不成的话罚得也很厉害,导购间抢单可严重了,钩心斗角。像你这么老实巴交的,到那里肯定受排挤。到时候,让你哭都哭不出来。"王浩颇不以为然,以过来人的口气教训道。

> **诀窍一点通:**
> 多给员工发言的机会,了解员工的心声,我们才有挽回的机会,而不是一味地展示领导的威严。小心物极必反。

窗外的雨滴答滴答,小肖眼中也渐渐没有了光彩,耳边只有领导恨铁不成钢的声音。

团队篇 | 打造母婴旺店，既要慧眼识人又要用心育人

王浩自顾自地说了半天，突然发现小肖根本没在听。"嗨，走神了是不是？有没有听我说啊？我告诉你啊小肖，不听老人言，吃亏在眼前，我这都是为了你好。店里少你一个倒没太大要紧，但对你的前途来说，你的选择真的说不定会耽搁你自己，你可要想好了……"王浩继续喋喋不休，做着小肖的思想工作。

且不说王浩这次的沟通工作结果如何，小肖会不会如他所愿留下来，这几个员工是否跟着小李远走高飞，只从上面的只言片语上，读者如果作为小肖本人，听了会有什么感受呢？

我们常说，留人不在此时，而在平时。至于留不留得住，全在员工的心。虽然我们不知道王浩平时的工作做得怎么样，但从王浩和员工的离职面谈来看，这个谈话委实不太高明。

王浩本意是想让小肖分析清楚利害关系，留住他，结果却变成了王浩一个人在给小肖上"政治课"，而且言辞之间非常不注意，很容易让人产生逆反心理。

我经常听到客户提出这样的困惑：

"一个员工做得好好的，突然提出离职。"

"我这里的人员流动很快，我付的薪水并不低，为什么老是留不住人呢？"

或者客户非常看好这个员工，认为他很有潜力，刻意给了他很多磨炼，但不知怎么回事，这个员工就是无法投入，始终没有达到理想的要求。

诸如此类，不胜枚举……

以上这些情况都是在行业终端经常碰到的问题。如何才能解决或者规避这些问题呢？这就需要我们在出现此类情况的时候，询问一下自己：我了解我的

员工吗？我知道他们的真实想法吗？

　　处于不同位置的员工，看重的东西可能会相差甚远，这不仅仅是金钱就可以满足的。越是能力强的员工，越看重除金钱以外的东西，越需要更多的关注和精神上的满足。例如，薪水并不高，但老板给予足够的重视，时常进行沟通，嘘寒问暖，并且在员工做出工作成绩的时候予以及时的肯定。这些都是激励员工的一种方式，而并不是说一定要用金钱来体现。人心都是肉长的，如果我们能真诚地对待自己的员工，相信员工一定也会用更积极的工作来回报的。

　　让我们来想一下，员工是为了什么来打工的？

　　有一份工作；

　　多多赚钱；

　　开心、融洽的氛围；

　　学习东西，积累经验（是否有教育培训的机会）；

　　工作的成就感，能找到归属感和自我的价值；

　　有成长空间，符合自己的职业生涯规划（是否有成长空间）；

　　……

　　作为员工来讲，选择了一家公司之后，在内心里其实并不想频繁跳槽。因为跳槽意味着收入不稳定，意味着又要面临新一轮的挑战，推销自己，熟悉环境，适应工作等。但既然提出离职，肯定有他的原因，而且离职不可能是一朝一夕决定的事情，极有可能是长期以来他的困惑累积而发，最后喷薄而出，汇成的一个念头——让一切从头开始吧。

　　员工的心态和想法不可能是刹那间改变的，而是有一个过程的。如果在这个过程中我们能够及时发现并做出调整，也许就能挽救自己不想看到的后果。

　　终端店铺人员流动很大，许多终端销售人员认为自我价值的体现在于薪资的多与少，而代理商或加盟商认为金钱容易让员工将注意力转移到"金钱"上，而忽略了工作本身的意义，所以在薪金的支付当中没有采取激励机制，在

团队篇 | 打造母婴旺店,既要慧眼识人又要用心育人

营造良好的工作氛围当中缺乏引导和支持,造成人才经常流失。故此,终端店铺要留住人才,就要从店铺自身及员工身上去了解人才流失的原因。

具体该怎么做呢?这个时候,希望店长们都能够用局外者的角度,以老板的身份来看问题。因为用人留人是一门学问,如果我们学会了,对自己以后的工作和事业都会有很大的帮助。尤其是立志以后自己创业的店长们,更要好好学习一下。

分析员工类型,满足不同需求

有人可能会说,人的欲望是无止境的,如果要做到满足不同员工的需求,那我岂不是要累死?其实,这里说的满足并不是绝对的满足,而是相对的满足。

只有分析员工类型,满足不同员工的需求,我们才能留住员工。为什么要把员工的需求单独作为一个议题提出来呢?因为这是很多人容易忽略的问题。

让员工感受到自己的价值

人之所以生存,是因为有其生存的价值。如果价值没有得到体现,那他可能就失去了生存的方向,变得迷茫、困惑,找不到自我。要时刻给员工指引方向,从而能够让员工时刻保持清醒的头脑和工作的激情。

就像马斯洛提及的人的几种需求一样,人在基本的生理需求、安全需求得到满足以后,就会希望得到社会所属的需求、被尊重的需求,以及自我实现的需求。

在基本生活需求满足之后,员工更注重的,是有没有被周围认可,有没有受到尊重,是否实现自我价值。人往高处走,水往低处流。虽然这句话不太贴切,但也可以体现人都是有自我追求和自我提升的欲望的。

要不断地给予员工信心。这种信心包括对自己的信心,对品牌的信心,对货品的信心。自信心是一切的源泉。没有自信,自然销售无从谈起。

另外,每个人做事都需要得到别人的认可,有了成就感,才会更有动力去

做下一件事情。成就感是怎么来的？是在员工做对事情的时候给予及时的表扬和鼓励；或者在紧要的关头给予员工以重要使命，让他体会到被重视和承认的感觉，找到自身的价值。

精神鼓励与物质鼓励并重

有人可能会说，既然员工看重精神方面的，那我就不用在物质方面有所表示了。其实，任何东西都有一个度，关键看我们怎么灵活结合使用了。

说到奖励机制，大家可能最直接地想到什么？——钱！对，钱是奖励机制中非常重要的一项，但不是全部。学习教育的机会、对员工工作成绩的肯定、员工威信的树立等，都是属于奖励的一部分，而这些，往往比钱还重要。

有的员工跳槽的时候可能会说："工资其实不低，但找不到感觉。"要给员工以关注，根据不同的个体用不同的奖励机制。同时，要注意一定要公平，让大家心服口服。不然，可能会"赔了夫人又折兵"。

给员工制造一个开心的氛围

有开心的员工，才能有开心的顾客！有开心的顾客，才能创造出优秀的业绩！

不论是在部门内部，还是部门与部门之间，相互的经验交流和分享都是很重要的。营造良好的工作氛围不只是上司关心下属，当中还有员工相互之间的经验分享，如店铺发生突发事件时，员工与员工之间的工作衔接、工作做得比较好的方面相互分享、培训教育经过的分享，等等。要做到让每位员工都在快乐的工作氛围当中工作。

与此同时，我们还要引导员工懂得提出工作的诉求点。许多员工离职时与店铺管理者沟通，常常抱怨店铺内部沟通不协调，同事与同事之间相互不合作，工作相互推卸，彼此间相互推卸责任等。其实，发生问题的关键在于自己。当发现工作不能顺利开展，员工应懂得根据自己不了解的问题向店铺管理者进行沟通、解决。教会店铺员工提出工作的诉求点，将有助于员工更好地开展工作。

领导者要发挥人格魅力

作为一家店铺负责人，只要具备领导者的魅力，员工会崇拜他，喜欢他，把能够与他一起工作视为一件乐事。店铺管理者的魅力建立在以下几方面：

第一，对自己和店铺员工的工作有统一的标准要求。

每一个人还未发挥出来的潜能都很大，可以通过目标的制定把它激发出来。制定统一的标准要求，会使店铺管理者更容易发挥出一个具有魅力的领导者的作用。

第二，对下属关爱。

发自内心的关爱会使员工感觉很温暖，感觉很真诚，但过分的关爱会变成员工对领导的依赖。在关心下属的时候，领导者要根据不同的情况适当对员工进行关心。

第三，以身作则，勇于承担。

只会要求下属，不懂以身作则的领导者，得到的只是员工的敬畏，而不是敬佩。一个有魅力的领导者应当对事情肯担当，肯负责、处事公平公正，能及时解决部门问题，具有敢于创新的精神，才能让员工敬佩。

所以，员工是否能够留住，首先得看这个老板如何，会不会做人。

留人在于留心。作为老板，一定要有自己的核心员工和核心团队，必须要有一群心甘情愿为自己做事的人。

俗话说，铁打的营盘，流水的兵。对于企业来说，如果"兵"频繁流失，再固若金汤的"营盘"也终将不堪一击。而没有"兵"的"营盘"，没有"强兵悍将"的"营盘"，即使是铁打的，我们也只能称其为空城。

众所周知，往往店铺里有一个优秀的导购离职之后，接下来这个导购的老顾客到店铺里来的时候，就会问："以前那个女孩子去哪里了？""我怎么都不认识你们了，以前都是她给我推荐的。"即使我们加倍热情，力图挽回顾客，也会有一些顾客流失。这是因为，顾客觉得找不到以前的感觉了。这些陌生的面孔，要重新熟悉，重新认识，是一件很麻烦的事情。

可以说，员工的自主流失，特别是优秀员工的流失，就是财富的流失。某专业的研究机构曾经专门计算过一个员工的自然流失给企业带来的损耗，最少会相当于这个员工半年薪酬的总和。

他们细算的这笔账包括以下方面：首先是招聘员工的时间成本和人力成本。如果这个员工是企业不惜重金通过猎头等物色到的，其招募成本就更是显而易见了。其次是培养员工的显性成本和隐形成本。任何一个员工，无论其能力和智商有多强，毕竟进入新的环境都有适应的过程，其成长的时间其实就是企业的成本啊！

锦囊一：留人要留心

很多企业的老板喜欢用薪水留人，但金钱并不是唯一的、万能的手法。

一个做快消品行业的经销商朋友向我咨询了一个问题，说是他的员工流动性特别大，为什么现在找个人干活儿都这么难呢？我听了之后哑然失笑，从这个朋友的问话中不难看出他的问题。其实，他的问题在咨询我的时候就已经暴露出来了。

什么问题呢？他只是找个干活儿的人。这已经代表了他对他的员工的定性，只是一个帮他干活儿的劳动力罢了。我告诉他，现在打工呢，无外乎几个想法：一是多赚点钱；二是跟老板能学到点东西；三是在大公司，能有点发展；四是开心点儿，上班轻松氛围好。

他马上回复我：在他那里学不到什么东西，就是干干活儿，送送货，跑跑业务。至于钱嘛，跟同行相比是市场价，也没有什么优势。大公司也说不上，就是经销商，说白了就是一个个体户而已。

我告诉他，如果一、二、三都满足不了的话，那你就应该从四着手了。很多创业期的老板都是这样做的。笼络人心，对员工关心，适当地给员工一些物质奖励和精神奖励。不要把他们当成干活儿的人而已，要当成你事业上的帮手，可以帮你解决问题、共患难的人。真诚地帮助他们，从日常生活中多关心他们，帮他们考虑他们的前途。

其实，以这位朋友的观念，即使他的薪水比同行开得略高，也不一定能够留住员工的心。因为员工可能只是为了一时的薪水，一旦有了更心仪的选择，一定会义无反顾地绝尘而去。为什么？因为他没有留住员工的心，也没有想过要去了解员工的内心。关注员工的内心，员工又怎么会对他不忠诚呢？

在我的职业生涯当中，曾经有一段时间，薪水很低，但工作很充实。这段时间在我的记忆里一直是最美好的一段时光，当时我的忠诚度也很高。因为我的老总特别会用人，真正把留人留心发挥到淋漓尽致。无微不至地关心我的生活，解决我的问题，激发了我"士为知己者死"的豪情。

锦囊二：留人，从招人开始

冰冻三尺，非一日之寒。留人是企业的长期行为，而不是短期行为。简单地说，留人的行为其实从招人的时候就已经开始了。

我们在招人的时候，往往会用自己的要求、自己的标准去衡量、选择一个人。其实，应聘的人又何尝不是如此呢？招聘主考官的个人魅力，企业文化的细节体现，所有的第一印象，如此种种，都在应聘者心里无形中形成了一幅清晰的画面。我来到这家公司之后，会怎么样？这里是否是我的久留之地？

而在加入团队之后，工作上的沟通、适应，以及问题的解决方式，等等，都在一一印证着应聘者最初的印象。如果恰好一一印证了最初的想象，他就会想："看吧，我本来就知道是这个样子。看来我要早作打算，溜之大吉了。"

所以说，如果我们要想留住员工，尤其是核心员工，或者需要的员工，那么，在从招聘这个员工的时候，留人的行为就已经开始了。之后，在录用、任用、选拔、培养、管理的过程中，所有的一切都与留人息息相关，也都决定这个员工是否愿意与企业休戚与共。

锦囊三：让员工多说话，了解其离职的真实原因

一次良好的沟通谈话，绝对不应该是上司一个人侃侃而谈，而应该是让导购多说话。这样，我们才能从言语之中明白员工内心的真实想法，然后才能对症下药，而不是完全把这次谈话当成个人的表达舞台。那样的话，员工永远会觉得站在对立的角度，而不是平等的角度或是中立的角度。

而且，在这个谈话过程中，切忌不能给员工造成有你没你无所谓的感觉。上文中的王浩，明显犯了这个错误。态度太过高高在上，没有客观地去分析，带有过多的个人感情色彩，这些都不能为赢得员工的心加分。

锦囊四：如果员工去意已决，就让他去，不必刁难

每个人的想法都不一样，每个人的情况也都不一样，如果这个导购去意已决，难以挽回，不妨大度一些，让他去，不必刁难和训斥。把时间多花在下一步的工作安排上。

锦囊五：站在朋友的立场，做两面的分析

在这个过程中，千万不要忘了，一定要以中立的角度、朋友的身份，帮导购做两面的分析，客观地把情况摆明，让导购自己看清形势来选择，而不是一味地贬低竞争对手。那样做只能让自己的形象更加灰暗。

欧阳寄语：留人不在此时，而在于平时。

复制篇
精准定位、分级拓展，
母婴店才能开一家、火一家

要想实现开一家、火一家的目标,我们不仅要对自身进行精准定位,还要抓住复制的时机,实现分级拓展。

复制篇 | 精准定位、分级拓展，母婴店才能开一家、火一家

晚餐到海底捞，人很多，等位的黑压压一片。

因告诉服务员我们是下了火车拖着行李直奔而来的，领班特意当即就安排我们就餐。

见状，我打趣道："你们赶紧再开家新店吧，看这生意多好。"结果，服务员一脸坦诚地跟我说："没人啊！"这话从一个普通服务员嘴里说出来，委实有些让我惊讶。不是常见的"那是老板的事"，不是"我也不知道公司怎么安排"，不是"没合适的铺面"，不是"我给领导反映一下"，等等，而是直指问题的核心，事情成功的关键——"人"！

我们常说，企业要想基业长青，就要做大做强。那么，门店究竟是要先做大再做强来抢滩市场呢，还是要先做强再做大稳步前进呢？其实，不管是做大，还是做强，都需要在市场竞争中步步为营，抢占先机。该如何做到这一点呢？这一篇，将为大家揭开谜底。

复制时机——要数量，还是要质量

张老板最近心情很舒畅。

以前人们经常叫他老张或张老板，但是现在，他走出去，不管是朋友还是同行，对他的称呼已经变成张总，甚至张董。

为什么会有这种变化呢？原来，三年前，张老板和太太开了一家母婴店。因为有朋友的帮忙，店里的货源渠道比较有保障。又加之，夫妻两个齐心协力，身先士卒，一个抓销售，一个抓货品，全心全意都扑在店里，所以店铺的生意红红火火，蒸蒸日上。

尝到了母婴市场的甜头后，张老板雄心勃勃地打算"开疆辟土"，让事业再上一个高峰。所以，从今年过完春节开始，张老板陆续又开了三家店，分别把自己的妻弟、堂妹叫过来帮忙，他和太太也分开，一人看一家店。转眼间，他就从一家店的老板变成了四家店的老板。走出去，外人也都是张总、张董的叫个不停。眼看着马上要进账如流水，一时间，张老板春风得意，每天笑得合不拢嘴。

> **诀窍一点通：**
> 创业期，亲戚朋友也许是我们最大的支持着。但是，在快速发展期，他们也许也会成为发展最大的桎梏。

可惜，好景不长，先是张老板堂妹负责的店出了问题。这家店房租本身偏高，而且面积比较大，需要铺的货品也很多。当时，张老板之所以在这里大胆投资，是因为他看中这里有得天独厚的优势，附近有几个成熟住宅小区，明显有客源需求，却没有竞争对手。但问题是，开业以来，张老板想看到的人头涌动的场面始终没有出现。尽管这么大体量的市场只有这一家店，但除了刚开业搞活动时有陆陆续续的客流外，客人变得越来越少。开业才三个月，堂妹已经叫苦不迭，说每天没有客人，冷冷清清，坐在那里好无聊。眼看着大笔房租如泰山压顶，张老板的眉头皱了起来。

接着出问题的是张老板妻弟负责的店铺。这家店因为处于商圈旺铺位置，客流多，还招聘了两个销售人员。可开业还不到两个月，两个销售人员就离开了，再次招聘的新人同样没工作多长时间就离开了，员工流动性很大。而张老板的妻弟之前没有零售销售经验，所以常常手忙脚乱，屡屡叫苦。

张老板自己负责的这家新店，也让他焦头烂额。之前是夫妻齐心，现在这家店全部由他一人负责；他擅长的是货品整合和厂家沟通，但店铺运营和销售，时不时还总要让老婆过来帮忙指点。

复制篇｜精准定位、分级拓展，母婴店才能开一家、火一家

相对来说，业绩最稳定的还是最初的那家老店，现在是张老板的太太来管，还是之前那批人，还是之前的老顾客，业绩起伏不大。也幸亏这家店稳扎稳打，才应付了其他店铺的日常支出。但仔细核算一下，四家店开下来，张老板不光没赚钱，还搭进去不少"老本"。这可如何是好？

虽然走出去，大家还是一贯热情地叫着张总、张董，但张老板唯有苦笑。只有他自己知道，这个"张总"里面有太多的苦衷。真没想到，店越开得多，钱赚得越少。到底该怎么办呢？是哪个环节出了问题？张总陷入了沉思。

放眼改革开放以来我国企业的发展过程，我们就会发现，"做大做强"是很多企业的目标。其实，这句话是有语病的，不应该是"先做大后做强"，而应该是"先做强后做大"，然后"再强再大"，这是一个循序渐进的过程。

不过，在行业内，以实际行动践行"先做大再做强"目标的情况并不少见。尤其是一些经营比较好的单店，很容易走入盲目扩张的误区，有急于把小店换大店的，有开始把单店换多店的。上文中的张老板还不算疯狂，只多开了三家店，而瞬间疯狂扩张几十家门店的老板也不少见。问题是，扩张完毕，到底是笑口常开，还是苦笑不迭，其中的滋味，只有老板自己知道。

单店业绩做得好，多店不一定就能做好。有的单店扩张后，赢利能力未能提升，反而急速下滑，库存也增加了。事情严重的话，还会导致资金链断裂。原本踌躇满志，结果却黯然收场，原本红火的生意转眼不复，这些都是血泪的教训。

那么，到底什么时候该扩张？又该怎样扩张呢？下面让我们一起来分析一下。

急于做大的老板多开店、开大店的初衷，无外乎以下几种：

多开店多赚钱

赚钱是开店的主要原因之一。这点无须解释。

掌握话语权

一般来说，就当地的市场规模而言，"蛋糕"总是有限的，抢占先机未尝不是件好事。再者，在和厂家沟通时，多家店铺的规模，也会在进货渠道等各方面，获取更便利、更优越的条件，从而增加与供应商的谈判筹码。

迅速做大，风投变现

店铺做大做强之后，自然会吸引更多的目光，例如一些风投资金，或者期望加盟的客户等。这时，我们可以选择让外部大量资金介入，甚至让自家被溢价收购。当然，要实现这些，前提是我们先要做大且做强，并且达到一定的规模效应。

出发点都是好的，每位老板在二次创业之初也总是满怀憧憬，勾画了宏伟蓝图的。那么，为什么会出现不尽如人意的状况呢？

原因很简单——根基不牢。这是最重要的。其他的因素，如资金、资源等反而需要往后面放一放。

根基是什么？

是我们的单店赢利能力和多店管理能力。

一家店做得好，往往是老板和老板娘亲力亲为，这并不意味着团队具备和老板同样的能力，也不意味着拥有成熟的科学管理体系。

多家店做得好，靠的不是老板一个人（或者老板夫妻俩），而是整个团队和管理机制。如果在上述方面没有做好，那么，失败几乎是可以预见的了。可惜这一点，很多人都看不明白。而很多做得好的企业，往往都是注意在这些方面发力，稳扎稳打的。

锦囊一：认清自己，科学评判

在做出扩张的决定之前，我们先不要头脑发热，而要认清自己的优势和劣势，进行科学的评判，看自己是否具备扩张的条件。

我们需要问自己几个问题：

我的店铺的工作是否已经形成了标准和流程？

我的员工是否能够独当一面？

没有我在，我的店铺是否能维持正常赢利？

我有扩张的资金吗？

当地是否有扩张的空间？

现在是不是扩张的最佳时机？

在这方面，海底捞是做得比较好的。在本篇开始的时候，我曾经提到自己和朋友去海底捞吃晚餐。当我开玩笑说"你们赶紧再开家新店吧，看这生意好的"，结果服务员一脸坦诚地说"没人啊！"这让我心里一惊，只是一位普通服务员，就在不经意间指出了问题的核心——人！

其实，紧接着，这位服务员还补充了一句："不能保证服务质量，店不能开啊！"此话更让我惊讶。海底捞以服务闻名，而服务是靠人做出来的。也可以说，服务就是他家的招牌，人则是做好服务的命脉，这是他家的核心竞争力所在，也是他家成功的关键。这可不像一名普通服务员的忧患意识。要知道，这家店是新店，这位服务员也入职不久，由此足见海底捞企业文化和经营理念深入人心。

零售服务业的其他公司，动辄一年开上百家甚至数百家店，结果却往往是开得快关得也快，一味地求大求快却不求稳，急功近利而非高瞻远瞩，鲜明的对比高下立见。为什么这么多年海底捞还能持续爆红经久不衰？为什么这么多年海底捞声名鹊起却依旧不重数量只重质量？为什么这样一个店铺数量并不多的品牌却能吸引无数比它规模大得多的"巨无霸"来学习？为什么在家家说萧条、个个谈大环境经济形势一派苦水时，它仍长盛不衰？

因为它视品牌如生命，视顾客如衣食父母，视员工如自家亲人，不骄不躁，宁缺毋滥。这值得大家思考。

锦囊二：把握时机，抢占先机

说到时机，主要包括是否有合适的铺面，是否有市场空档，是否有成熟的团队和机制等，而这些都是扩张的要素。

锦囊三：及时换位，转型升级

一旦扩张，我们就需要从单纯的做事变成管理，跳出琐碎事务之外，指导安排员工去做事。老板的眼界、心胸如何，是否及时换位，是转型升级的关键。

锦囊四：做好规划，门店分级

就像店铺的产品品类要进行分门别类、整合营销一样，当我们做到多店的时候，店铺复制也并不是一味地开店就行，在开店之前，也要做好规划，进行门店分级。这样才能更好地规划店铺的人员资源、商品资源、营销资源、管理资源等。

一般情况下，我们把门店分为一类形象店、二类销售主力店、三类社区店和四类折扣店。

1. 一类形象店

此类店铺开店首选关键词"形象"，一切围绕形象转。

形象店一般选址在当地高品质商圈的最优地段，采用最新的店铺装修形象。它不仅可以吸引顾客的眼球，为店铺打广告，同时还是兄弟店铺的标杆。形象店硬件一流，门店面积大，销售压力也大。如果想吸引加盟商的话，这样的形象店是必需的。

形象店的店长要求：

此时，排在第一位的不是店长的个人销售能力，而是其管理能力，即他是否有良好的沟通技巧，是否能调动每个人的工作积极性，是否能协调整个团队的良好运转，是否能展示出门店的最佳形象，是否能处理门店形形色色不同来路的顾客或竞争对手暗访者的刁难，等等。总之，形象店的店长，一定是重管理轻个人销售的。

形象店的员工要求：

因为是形象店，员工也应该配置形象气质相对比较优秀，谈吐优雅，符合品牌和门店定位的。而且，因为形象店面积大，员工多，员工职能分工也有所不同，所以员工不一定每个人都是全能选手，而是可以在某一方面特别精专，例如专注于陈列，专注于销售，专注于货品等。

形象店的配货原则：

新品、畅销品优先侧重配备，上货次序的优先权排在所有门店的最前面。

2. 二类销售主力店

此类店铺开店首选关键词"销售"，一切围绕销售转。

销售主力店的选址多为当地的热点商圈，往往因为寸土寸金，店铺面积并不大，装修形象也并不一定是最新的，但因为客流多生意忙，所以店铺货品要求量大齐全。对于很多老板来说，这种店往往是投资不多但收益不低的店铺。

销售主力店的店长要求：

店长自身要具备相当强的销售能力。

店铺面积不大，人手必然不多，但因为客流多、生意好，就要求店铺的每个人必须是销售精英，每个人都可以独当一面。因此，对于店铺小、生意好的门店，店长自己的个人销售能力就非常重要了。

同时，店长还要能带动和管理整个团队的销售。

销售主力店的员工要求：

排在第一位的不是形象，而是销售能力。

同时，因为客流多、生意忙，要求员工的性格最好是干脆利索，做事手脚麻利的，这样有助于快速成交生意。

销售主力店的配货原则：

以新品为主，确保畅销货品的货量。

在库存压力大时，可适当补充旧款。

在季末时，该地区的断码货品也应优先向此类专柜集中，并应根据实际情况及时将往季的货品上柜，以补充货量的不足。

店铺的畅销款和主力销售的款式要保证足够的库存量，上货次序仅次于形象店。

3. 三类社区店

此类店铺开店首选关键词"服务"，一切围绕服务转。

社区店的选址多为大型社区的附近或周围。相对于销售主力店和形象店，社区店不一定在商圈中心，也无拥挤的客流，但因为来客多为熟客，基本都是附近的居民，就更要求社区店的员工一定要服务至上，做好老顾客的维护和感情联络。

社区店的店长要求：

具备相当强的服务意识，耐心、细致，耐得住寂寞，能够经得住淡场时段客流很少的考验，同时又能以积极的心态去带动影响大家。

在工作上，要极具责任心，能够和店铺的顾客群保持很好的沟通和联络，做好长期服务。

销售主力店的员工要求：

性格温柔，有耐心，吃苦耐劳，任劳任怨，工作踏实用功。

有良好的服务意识，做事手脚稍慢一些没有关系，一定要能尽心尽力地做好服务。

社区店的配货原则:

货品配置为新品不少于 50%,旧款可以折扣销售。

根据各社区店的不同定位和特色进行分批调配,上货次序优先权位于第三位。

4. 四类折扣店

折扣店最大的作用就是消化库存。这里没有新款,商品可能出现缺码断货,但正因为如此,折扣和最大的优惠是折扣店的砝码。而且,因为是折扣店,顾客的心理期望也会降低,不会特别要求额外的超值服务或销售水准。简单而言,有货就行。

折扣店的店长要求:

敬业,有责任心,吃苦耐劳,能合理安排员工工作。

折扣店的员工要求:

吃苦耐劳,能应对长时间的工作和高强度的顾客询问。

对服务要求不高,但要对商品和仓库有一定的了解,能快速准确地帮顾客找到合适的商品。

折扣店的配货要求:

100% 旧款。库存压力大,需要消化的货品,可以低价促销的货品,断码缺货商品,集中到折扣店。突出促销氛围,采用仓储式陈列法。由于断码货品较多,将同品类货品归类集中陈列,可适当淡化陈列效果。

有些时候,因为一些特殊原因的限制和当地的实际情况,有的店铺也会兼具形象店和销售主力店的功能,或者社区店和销售主力店的功能。此时,我们就要结合两种类型店铺的要求,综合选择考量。

欧阳寄语: 店铺需要先做强,再做大。

复制要素——要人，还是要机制

案例

　　Coco 是某知名成熟母婴连锁品牌的业务主管，在该公司服务多年，具有丰富的业内经验。前不久，她被另一正处于发展期的母婴经销商高薪挖了过去，担任零售经理。对方的意图很明确，希望能从 Coco 身上学习到成熟的品牌连锁门店的运作和管理，并快速复制，以提升自己品牌的管理水平。可事与愿违，刚刚入职了一个月，Coco 就打起了退堂鼓，甚至连她自己也越来越怀疑，之前那个精明干练、经验丰富的 Coco 到哪里去了呢？是不是自己变成废物了？

　　原来，Coco 开展工作以后，还是想按照之前的工作方式和流程进行管理，但发现根本行不通。

> **诀窍一点通：**
> 因为不同的门店发展阶段不同，所处的环境不同，所以管理者很难将原有的经验进行百分之百地复制、应用，而必须在遵循相应原则和标准的前提下，因地制宜地进行管理。

　　最让 Coco 头痛的是陈列。之前 Coco 所在的品牌，总部都会定期发来陈列手册和搭配手册，并不断更新。这些手册里面的规定都很清晰，比如 1 号货柜

复制篇 | 精准定位，分级拓展，母婴店才能开一家、火一家

只能摆放 1 号产品，2 号货柜只能摆放绿色系列和蓝色系列。图片拍得清清楚楚，货品发货也都是按照品类、系列来的，大家只要把货品摆上就可以了，而且不会出错。

因为所有的产品结构、产品系列划分、陈列方案，都是系统的、完善的、有分工的，总部的货控非常优秀，已经全部做好了。大家都戏称公司的陈列手册为"傻瓜手册"，照着摆就行了，还很漂亮，完全不用费脑子。另外，他们的装修结构和道具设计本来就很有格调，不需要额外的太多陈列花样。对他们来说，陈列太简单了。

可到了这家公司以后呢？Coco 发现所有事都要从头做起，什么都没有系统，什么都不到位，自己一个人要做之前很多人分工协作的工作，每一项都很难做精，而且每家店铺的货品都不是按规则来出牌的。换句话说，整个公司的货品结构整合得是否合理还有待商榷，又怎么能单纯地按照以前的经验照搬呢？

另外，服务上也出现了问题。Coco 之前所在的品牌，因为品牌成熟管理完善，很多门店经营又较早，老顾客很稳定，品牌影响力和市场认知度也有一定的基础。更多的时候，顾客是出于对这个品牌的信任而来的，销售很容易。

而现在呢？要花费比之前多几倍甚至几十倍的口舌去说服顾客来认同店铺，来购买产品。Coco 发现，店铺的那些导购的销售技巧都比自己强很多。因为以前他们不需要多少技巧，只要形象好、气质雅、妆容精致，有时候都不用多费口舌，自然有顾客找上门来。现在的一切，让 Coco 很不适应，更不知道该如何指导店铺的工作了。

我们想进行门店复制的时候，除了要考虑诸如资金、门面、货品、装修等硬件资源之外，还要考虑软件资源。关于软件资源的考虑，主要包括两个方

面：一是有没有可以复制的团队，二是有没有可以复制的管理机制或经营模式。二者缺一不可。(常见的零售门店组织架构与各个岗位的职能及工作职责详见附录六、七。)

团队复制

有没有可以复制的团队，实际上要解决的，就是人的问题。海底捞在国内声名远播，其店铺复制的速度却并不快。即便是在广州市天河区这样繁华的地段，也是在前年才出现海底捞的身影。我曾经开玩笑，问为什么不多开两家。结果，店里一个入职没多久的新员工告诉我"没人"！没错，一语中的。没有强大的团队，宁可暂缓步伐，也比开了再关，关了再开，大伤元气的好。

比尔·盖茨说即使现在微软所有的工厂都化为灰烬，如果再给他13个人，他就可以再创一个微软！(这13个人指的是当初与盖茨共同创业的人。)

这说明，比尔·盖茨对人才忠诚度和能力的自信，以及对人才的重视度。因为他深知，忠诚度才是一家企业真正的生命力！毫无疑问，微软公司是世界上聪明人云集的地方。那么，比尔·盖茨是靠什么对这些员工进行有效的管理呢？答案是，微软公司的人格化管理，特别是其中无等级的安排，这让许多其他公司的员工欣赏。这些无等级的安排包括平等的办公室、无等级划分的停车场、没有时钟的办公大楼等。

微软公司除了为职工免费提供各种饮料之外，可用于办公的高脚凳到处可见，其目的在于方便公司职工不拘形式地在任何地点办公。可见，比尔·盖茨在用人和留人上别具一格，值得我们学习。

管理机制和经营模式

为什么我们要谈到管理机制呢？因为只有一家店的时候，老板亲自看店，销售、铺货都亲力亲为，他在经营中扮演着主心骨的角色，店里业绩也容易做得好。但是，一旦开始扩张，情况就不一样了。因为老板没有精力亲力亲为，这时管理水平如何，就高下立见了。

此时，我们的店铺需要有一套固化的工作流程，更需要有相应的管理制度，方便复制和监管。

如果没有流程和标准，各个门店就会出现各自为政，完全以店长风格和处事标准为标准的管理。这时，一来店长的管理水平参差不齐；二来容易形成"个人主义"，缺乏企业自身的标准，更谈不上什么团队文化了。

成功无法复制，最大的竞争对手永远是自己。

锦囊一：复制的根源是人

在宝洁，人才被认为是比品牌更有价值的资源。对于企业来说，做事情的一切根源和基础都在于人。没有自己的团队，没有有效的人脉资源，没有人员来冲锋陷阵，再宏伟的蓝图都是枉谈。

锦囊二：机制可以有效发挥人的效能

有了人，还要有机制。

所谓机制，是指属于自己门店的一套成熟的运作模式和管理标准。其中，包括我们具有自身特色的服务模式，员工管理模式，店铺运营模式，系统化的店铺管理制度，员工激励制度，等等。这是连锁门店扩张复制的基本要素。有统一的运营标准，才能复制。

如果连这些最基本的都没有固化，那复制就无从谈起。接下来开的门店，必然会单纯依赖门店店长的个人能力，或好或坏无从把控，容易出现管理随意、流程混乱、员工怨声载道的情况，甚至会像案例中的 Coco 一样，出现管理"水土不服"的问题。

欧阳寄语：人和机制需要完美结合。

复制策略——向上走,还是向下分

杨老板做母婴生意已经十年了,积累了不少经验,也有一批忠于自己的员工。随着母婴市场的火热发展,杨老板开始扩展渠道,大开门店。目前,他已经拥有 50 多家门店。

可说来也怪,门店越开越多,团队越来越壮大,杨老板却越来越笑不出来。原因很简单,门店只是在不停地开,却没有科学的管理体系。这不,近期开业的几家店,业绩都不尽如人意,全靠其他店铺补贴。虽然店铺还在开着,但到底赚钱不赚钱,能赚多少,只有杨老板自己最清楚。

为什么会出现这种情况呢?

母婴连锁在复制扩张的过程中,会面临两种选择:一种是向上走,一种是向下分。

所谓向上走,是向品牌形象店发展,如品牌旗舰店、品牌形象店、品牌专卖店等。

所谓向下分，是向小型社区店发展，如便利店等。

品牌形象店，往往开设的都是大店，规模大，形象好，品类丰富，货品齐全，装修形象一流，相对来说，更容易吸引顾客的眼球，形成品牌效应。但是，大店同时意味着投资大，风险大，费用支出更大，对经营者素质水平和管理能力都有一定的要求。如果说小店的利润是销售出来的，那么大店的利润就是管理出来的。换句话说，如果管理不到位，大店可能倒闭得更快，损失更大。

而小型社区店，做成连锁并且形成规模的成功案例也有一些。这种店铺尤其适合刚刚创业对市场了解不多，抗风险能力不强的投资者。但是，小店在经营中也有极大的限制。例如，我们必须根据当地所在社区的特点选择其中一两项品类作为自己的核心产品，店面必须舍弃一些利润点。原因很简单，面积小，陈列面积都不够，更不容易做出顾客体验区和顾客黏性互动了。但做到有重点，有特色，精于某一顾客热点核心消费品类，合理控制成本支持，同时做好服务，小型社区店也有一定的市场。

同样，向上走还包括"农村包围城市"，由三四线市场进军一二线市场。向下分，则相反，是城市辐射农村，一二线市场辐射到三四线市场。

相对来说，一二线市场规模大，市场需求也大，顾客消费实力相对较高，有更多的机会。但同时，因为市场竞争激烈，母婴市场发展相对比较成熟，顾客的品牌消费意识也会比较强。这时，就要求经营者有一定的经营实力，不管是店铺规模，还是门店管理服务能力，都要有一定的基础，才能很好地扩张。

三四线城市市场容量相对较小，消费规模也会比较小，容易形成发展瓶颈，做到一定程度就饱和了，消费者的消费习惯也有一定的针对性和限制，但因为地方小，人口少，反而口碑相对容易传播。

在门店复制扩张的过程中，老板面对的考验也是巨大的。

同样的销售策略，在不同级别的市场，效果可能截然不同。所以，一定要做自己熟悉的市场。

另外,不同级别的市场,需要的门店级别也不同。大店数千平方米,小店几十平方米,这中间的差别就大了。而这时,我们的门店组合也不一样。严格来说,并不能叫门店复制,因为没有什么是百分之百可以复制的。每个门店都是一个独立的个体,只能说是在一定标准和原则下的门店复制。

行业的独特性也导致了从业人员的综合能力参差不齐。但也正因为如此,母婴行业才有更多的发展空间,才是朝阳行业。如果行业各方面都已经起点很高,非常规范,那我们必然很难进入,更别提分享"蛋糕"了。

每个行业的发展都有一个必然的过程,母婴行业也是如此。经历了前几年雨后春笋般的发展后,大浪淘沙就在眼前。这个过程中,成长和学习是必然的,经历阵痛和裂变也是必然的。

锦囊

锦囊一:看资源

从长远来看,母婴行业大店模式是行业未来的发展方向,能够为顾客提供孕婴童的衣、食、住、行、玩、护、教等一站式服务,是未来的大趋势。母婴用品行业牵涉十几个细分行业,如果想把所有品类都做全,还要有顾客体验区,没有500平方米的店面是很难做到的。

但同时,店铺面积大、产品全,就表示它投资比别人大,员工比别人多,费用比别人高。所以,我们一定要量力而行。

对于投资不多、资金不充足的母婴店来说,首先要学会生存。先生存,再发展,在任何时候、任何竞争环境下、任何地方都能生存,然后才是考虑"攻城略地",慢慢地让自己做得最好。

小店千万不能贪,希望赚到所有的钱,囊括所有的品类。那样的话,结果是：每样都有一些，每样都不齐全，每样都没有竞争力。最后，只能是看的人有一些，买的人没有几个。

而至于是向上发展，还是向下拓展，还要视自己的门店定位，以及对当地市场的熟悉程度、当地资源的便利性等情况，综合而定。

锦囊二：看市场

任何战略的决策都脱离不了环境的因素。

如果当地本身的大型连锁店，如母婴生活馆等，覆盖了黄金商圈的主要位置，那么，我们不妨独辟蹊径，走精细化道路，即专门针对社区，开设社区母婴便利店。虽然面积不大，只做重复消费频率高的一些单品品类，但做好社区服务，重点突破，照样也可以走出自己的特色。

如果当地已经有不少小店，却缺乏旗舰和标杆门店，我们也不妨走走蓝海道路，开辟当地的标杆店铺、婴儿生活馆之类的大店，以丰富的产品打压竞争对手。

锦囊三：结合战略规划

一般情况下，我们在复制布局前期，就已经基本决定了渠道的定位和方向。而那些发展较快的孕婴品牌，也是都有一套自己的成功渠道布局经验。

锦囊四：结合市场特点

一般情况下，越是在县城、乡镇，投资大店的成本越低，也越容易在当地形成大店效应。现实情况是，一旦出现一家生意不错的小店，距离第二家、第三家乃至第 N 家的出现就不远了。所以，我们要找准自己门店的定位，做出特色。这就相当于运动员在起跑时，做足准备，跑好第一枪。

例如，五年之前，做婴儿游泳项目的人还不算多，但现在已经遍地开花。三年前，产后修复、早教班、妈妈班等项目也做得比较少，但现在关注的人也越来越多。这些提高顾客黏性的项目，能够帮我们抢占市场，抓住顾客流量。所谓人无我有，人有我优。把别人远远地甩在后面，让当地消费者一提起母婴用品就想到我们经营的店，让我们的店成为本地的标志。这时，别人自然难以与我们抗衡，即使别人模仿我们，最多也只是一个追随者。在当地市场树立权威感后，我们就处于竞争中的上游位置了，对以后的经营大有裨益。很多上游供货商会慕名而来，争相提供便利。

与此同时，在引导当地潮流风向的前提下，我们也要注意度。

曾经有一位母婴经销商，在地级市开的门店生意不错，也有很多顾客体验项目，如手足印、胎毛笔、防辐射衣服、妈妈护理用品、保健食品，等等。后来，把店铺辐射到县乡级时，他就发现了一些问题，完全复制城市门店的模式根本行不通。

这是因为，门店所在的乡镇的消费水平远远比不上城市，某些可用可不用的产品和项目顾客很难接受。

消费水平不发达的乡镇，只能是进最实用的产品来销售，应该以奶粉、奶瓶、服饰、日用品、鞋帽类为主，并且要有精确的定位。而这位老板的乡镇店还是按照地级市店铺的定位和产品组合开设的。结果，店铺原有的高利润和高单价产品占比过高，顾客进店后很难买到自己真正想要的产品。尽管店里产品种类不少，但没有合乎顾客需求的，营业额自然少得可怜。

欧阳寄语：找准定位，结合市场，精准出击。

例会复制——要高效，还是要形式

　　琪琪是公司的资深优秀店长。眼看公司的规模越做越大，店铺越来越多，公司总监给琪琪下达了任务，要她尽快培养几个储备店长，为公司的下一步发展做准备。

　　接到任务之后，琪琪首先想到了店铺的小乔。这个女孩子非常有上进心，尤其是在这期的销售PK中完美胜出。因此，琪琪想把店铺本次的例会交给她来开，顺便由她来和大家分享销售中的心得。

　　琪琪找到小乔："小乔，最近你在客单价提升方面做得非常不错，而公司最近也在抓高客单价，所以，我打算今天的例会由你来主持，主要议题是关于客单价的提升，你看怎么样？"

　　小乔有些惊讶，略带羞涩地说："不会吧？平常开会都是店长主持，我又不是店长，我主持，大家会不会有意见啊？"

　　琪琪微笑着摇了摇头："不是这样的。店铺是我们大家的，店长也只是带领大家共同来完成店铺的工作。在有些时段，大家可以多参与一下。你在店铺工作时间这么久，业绩又很突出，在员工中也有一定的威信，肯定没问题，交给你了。"

> **诀窍一点通：**
> 信任和鼓励永远是用人的前提。

小乔想了想，有些迟疑地点了点头。

琪琪说："你先想一想。这样吧，会前半个小时，我再来和你沟通。有什么问题，我也会教你的，不要紧张。"

离会议时间还有一个小时，琪琪找到小乔开始沟通。

"小乔，准备得怎么样了？"琪琪笑问小乔。

"嗯，准备得差不多了，我刚刚做好笔记。"小乔忙回答。

"我就知道，我们小乔做工作最认真了。你看，笔记都准备好了。"

琪琪打趣地拍了拍小乔的肩膀，打开了小乔的笔记本，只见上面写道：

会议内容：

（1）今天销售目标3万元，上午1.2万，下午1.8万，目前上午已完成1.5万元。

（2）今天下午班莉莉病了，请假。

（3）老顾客王姐今天来取贵宾卡。

（4）公司现在在抓连带销售，但我们店铺做得不好。

（5）顾客陈先生表扬新员工周倩倩，昨天下班后主动帮陈先生送货。

（6）上午班Coco成交了一个大单，一单卖了8900元。

琪琪笑了，点了点头说："很不错，条理很清楚，也很具体，把每项工作都列了出来。既然你都已经写出来了，我相信对于今天的会议应该怎么开，你也早有想法。这样吧，你把你的想法说出来，我们共同来看看，怎样可以做得更好，好不好？"

小乔点头称是，然后开始按照笔记上念："今天的会议内容有六条。第

> **诀窍一点通：**
> 给出自己的意见前，不妨先听听员工的思路，博采众长。

一，今天的目标……上午班Coco……"

念毕，小乔抬起头，用期盼的眼神看着琪琪。

琪琪有些忍俊不禁："不错，小乔，很用心，每件事情都说到了。不过，小乔，如果作为一个参与者来听这个会议的内容，你会有什么样的感觉呢？"

小乔迷茫地摇了摇头。

"有点儿像流水账，没有重点，没有主次。"琪琪轻轻地说。

小乔恍然大悟："我也觉得不对劲儿，就是不知道怎么弄才好。"

琪琪微微一笑："是这样的。首先，从内容上来说，我们一定要有主次，要进行例会内容的筛选和分析。小乔，你觉得，今天的例会内容中，哪一项可以作为重点来说呢？"

> **诀窍一点通：**
> 门店例会三要诀：有重点，有主次，简单易记。

小乔仔细看了看，说："连带销售好像是个重点。"

"没错。"琪琪竖起了大拇指。

"那你就可以告诉大家，今天会议的主题很简单，只有四个字——连带销售。为什么呢？因为最近公司一直在抓连带销售，但是我们店铺做得并不太好。"

琪琪接着转折了下语气，提高声调说："不过，没有关系，今天我们店铺的连带销售就做得非常不错，Coco上午一单就卖了8900元，掌声有请Coco和我们分享。"

小乔会意："我明白了，这样可以让员工参与互动。"

"对！"琪琪接着说，"还有，例会不要一个人自说自话，那样的会议没有效果，一定要让大家参与进来。Coco 分享完之后，你可以总结 Coco 的心得，鼓励大家学习，然后继续连带销售的话题。比如，我们下午班的同事也不要气馁，因为今天下午我们的老顾客王姐要来取新版贵宾卡。王姐我们大家都知道，不来便罢，一来就是大单。所以，今天下午，我们一定要好好把握机会，争取再成交一个大单，好不好？"琪琪恍若身临其境，一下子眉飞色舞起来。

小乔也受到感染，两眼放光："好，我们下午班一定加油！"

"另外，今天陈先生打电话表扬新员工周倩倩，说昨天周倩倩下班后主动帮他送货。陈先生非常感激，还问他太太想要的红色连衣裙有没有到货。刚刚在我们交接班前，红色连衣裙到货了，下午班的同事不要忘记，再次做连带销售啊！"琪琪热情洋溢地说。

"嗯，是的，琪琪姐，这样就把今天的例会内容基本都串联起来了。我明白了。谢谢你。"小乔豁然开朗。

"光内容有主次还不够。"琪琪说，"一次成功的会议，除了内容之外，形式也非常重要。作为一个会议主持人，一定要有状态，有激情。来，小乔，站起来一下。"

> **诀窍一点通：**
> 内容和形式相结合，才能成就一次成功的例会。

小乔赶紧站了起来，有些拘谨地看着琪琪。

琪琪说："抬头，挺胸，收腹。眼神专注，目视前方，面带微笑。"

"记得哦，待会儿声音一定要响亮，语音、语气、语调都非常重要，太过平淡，会让听众没有兴趣；太过高亢急躁，会让人有聒噪的感觉。另外，会议的开头、结尾都非常重要，开头要向大家问好，先梳理总结一下今天的销售目标，然后再开始今天的会议内容。在会议的结尾，要再次提醒大家今天的会议主题。最后，要有一个有气势的口号，带领大家结束今天的会议。"

"好的，我知道了，琪琪姐。"小乔一边认真地记着笔记，一边说道，"本来天天看你开会，好像很简单，可是事情真落到自己头上，才发现事事皆学问。放心吧，琪琪姐，我再练习一下，待会儿一定让你满意。"

"好，放心，我会在台下支持你的。加油！"琪琪说。

在我为期三天两夜的店长公开课中，例会的情景模拟演练是其中一个重要的环节。但是，我们经常在例会演练中看到这样两种极端情况。

第一种，会议主持人往那里一站，手拿纸笔，表情严肃，一本正经，面无表情地简单问好之后，一条条开始逐一念出会议内容。待十几条例会内容念完，听的人也快要睡着了。

第二种与第一种相反，一上台，大家都满怀激情，会议主持人斗志昂扬，带领大家不停地喊口号，热血沸腾，重复一句句的"有没有信心""能不能做好""我们一定做得到，对不对"。表面上看来群情振奋，气氛热烈，实际上没有太多的意义。一场例会结束，除了几句空洞无意义的口号外，并没有让与会者真正记住这次会议的内容。

那么，如何做才能让店铺例会兼顾形式与内容呢？

1. 店铺会议的注意事项

1.1 每个人准备一个记录本，用于记录每天的会议内容和平时遇到的工作难题等，开会时每个人都必须做好会议记录。

1.2 开会时，所有同事站立，围成一个圆圈。

1.3 有2人以上同时上班，必须召开店铺会议。如果店铺只有一人上班，前一天的会议必须先安排好第二天该店员的工作，并给予激励。

1.4 必须明确强调每个人的业绩目标，以加强每个人的目标感。

1.5 早会是一天的开始，主要是激励店员，让店员充满激情地开始一天的工作。因此，早会的内容以激励、表扬为主，不可提出批评事项，适当地提醒有过失的人员注意。

晚会主要是总结经验，学习分享的时间，评价当天整体及个人的工作表现，对做得好的店员予以表扬，需改进的店员予以批评、指导和鼓励。

1.6 如有非本店铺的人员（如公司总部同事、加盟商客户等）参加店铺会议，会议主持人必须在问好后，先介绍参会的人员。

1.7 如有新同事加入店铺，则在店铺会议的问好流程后加上"迎新会"。

1.8 如果店长没有当班，则由店长在前一天安排好会议的主持人。

2. 班会

2.1 目的

提升员工的士气，营造活泼轻快的氛围环境，公布店铺的目标，店员制定自己的业绩目标，加强人员的目标感，让店员每天以愉快轻松的心情投入到工作中，促成业绩目标的达成。

2.2 时间安排

2.2.1 每天交班时开班会。

2.2.2 班会的时长为5分钟。

2.3 会议执行

2.3.1 会议开始，主持人向参会人员问好。

2.3.2 主持人公布店铺今天的目标，员工个人公布自己的目标。

2.3.3 如果是第二班的班会，第一班的同事必须公布当日目标的完成情况。

2.3.4 主持人鼓励本班同事，强调目标。

2.4 案例

主持人：大家好！现在开始班会！今天是×日，星期×。昨天的目标达成率是110%,完成了××××元的目标!今天的店铺业绩目标是3000元,每个人的保底目标是750元。先来看一下上午同事的完成情况。麻烦小A先讲一下。

店员A:上午一共完成了1200元,我完成了700元。今天我的目标是850元。上午的客流量一般,中午客流量开始慢慢多起来,我们要集中在下午好好地冲一冲!

主持人:好,下午我们就做好冲刺的准备。小B也是早班的同事,讲一下你的情况吧。

店员B:好的。我今天的目标本来是750元,上午完成了500元,比小A少200元。现在调整一下我的目标,定到800元,下午我也要努力冲业绩!

主持人:好,小B以小A为目标了。今天一个上午开了1200元的单,我们刚上下午班的同事就要打好精神追你们啦!我今天的目标是850元,小C,你的目标?

店员C:大家都好厉害,我的是800元。不过,我还是新兵,要大家多帮助哦!

店员们:没问题!我们也需要你的帮助的!

主持人:好,今天的客人那么多,我们要给他们贴心的服务,冲出比昨天还要高的业绩!大家有没有信心?

店员们:有!

主持人:好,那么今天的班会到此结束,大家加油!

店员们:加油!

3. 午会

3.1 目的

公布昨天的目标达成情况,总结昨天的工作情况,通报今天的店铺和个人目标,分享工作经验,营造活泼轻快的氛围环境,促成业绩目标的达成。

3.2 时间安排

3.2.1 每天下午所有班次的人员到齐后召开午会。

3.2.2 午会的时长为15分钟。

3.3 会议流程

3.3.1 会议开始，店长（或会议主持人）向参会人员问好。

3.3.2 店长传达公司新政策，公布最新的促销、活动信息。

3.3.3 店员各自通报昨天业绩达成情况，分析个人月目标完成情况，总结自己昨天的表现。

3.3.4 店员提出当天遇到的疑难问题，大家共同解决，并相互分享、学习经验。

3.3.5 店长总结昨天的店铺整体表现，提出需要改善的事项或个人，指导并鼓励表现较差的事项或个人，表扬好人好事。

3.3.6 店长（或会议主持人）公布当天的店铺业绩目标，店员根据店铺的目标制定公布自己的目标，店长可根据个人能力及店铺实际情况适当调整当天的个人目标。

3.3.7 结束会议时共同喊一句简短、激励的口号互相鼓舞（口号由店铺人员共同思考提出）。

3.4 案例

店　　长：现在开始会议。各位伙伴们下午好！（提高音量，充满激情）

店员们：好！（响亮地拍三下手掌）

店　　长：好！先跟大家公布一下公司最新的信息。首先是今年的春夏订货会……（略）。接下来是"十一"促销活动，国庆黄金周快到了，公司已经下发了促销通知，下面我来介绍一下具体的促销事项……（略）。黄金周是我们冲业绩的好机会，大家一定要把握这个机会，冲业绩大关，争取好成绩！大家有没有信心做好？

店长和店员们：有！

店　长：好，我们好好利用黄金周的促销机会，做出好业绩。以上两项是公司最新的信息。下面我们来总结一下昨天的工作情况。昨天我们的计划目标是××××元，达成率是110%，已经超额了，要不要给我们自己来点掌声？

店员们：要（鼓掌）！

店　长：昨天我们店铺的目标业绩超额完成了，下面来看看个人的目标完成情况，谁先来分享？

店员A：我先来吧！

店　长：好！

店员们：鼓掌。

店员A：昨天我的目标达成率是95%，共完成了×××元，离目标还差××元。昨天做单的过程还是比较顺利的，主要是利用了老顾客来带动新顾客埋单。但是，最终目标还是差了一点儿没有完成，主要是因为昨天顾客比较多，在一张单即将完成的时候会有一些着急，急着去招呼下一个客人，而没有进行更多的附加推销。本来是可以在附加推销的带动下突破目标的。经过这次以后，我会注意不能因小失大，心急吃不了热豆腐。昨天未达成的目标今天一定要一起完成。昨天接待的客人中新老顾客量各占一半。在销售的时候，老顾客的挑选和购买，包括对我们的信任，都一定程度地影响了在一边看衣服的新顾客，有两位新顾客还跟着老顾客挑东西。所以，平时的销售过程中，如果有新老顾客在的时候，我觉得可以用销售的话术主动把老顾客也引导进来，让老顾客的话影响新顾客，使老顾客成为销售带动的工具。

店　长：嗯，小A昨天一天的状态都不错，成交率高，促单也比较快。你昨天上的是早班，到了下午都比较累了，招呼的顾客多了，精神状态也比较紧张，但是你只需要再卖出一件产品，就可以达标，不能以为自己今天已经达成了95%，就放松下来。如果每天我们都留下5%未完成的目标，一个月累积下来就不是个位数那么简单啦!

店员A: 昨天工作的时候状态都很急,今天开始一定要完成目标!

店　长: 小A说的销售方法很好。老顾客就是我们免费宣传的一个途径,所以我们一定要把老顾客用好,在向老顾客销售做单的同时,借用他们的嘴巴帮我们促单。即使新顾客没有购买,也将会起到一定的宣传作用。毕竟说产品好的不是我们自己在自夸,而是我们的顾客在夸奖。

店员B: ……(略)

店员C: ……(略)

店　长: 昨天店铺的目标超计划完成,离不开大家积极地配合,希望这种冲劲儿要再接再厉,一直冲下去!昨天店铺的客流是比较多的,在店铺销售气氛很好的情况下,我们都忙于跟着顾客销售,忘了看好卖场的货品。这点我们大家都需要检讨。下次店铺客流量很多的时候,我们不能全身心都放在跟着顾客的推销上,要留一份心来注意自己区域内的货品安全。

店员们: 没问题!

店　长: 好,大家以后多留意卖场的货品!今天我们店铺的目标是××××元,上午的早班同事共完成了××××元的。接下来,每个人讲一下自己今天的目标,早班同事讲一下今天达成的情况。

店员A: 我先来吧。我今天的目标是×××元,上午已完成了×××元,达成率是90%,下午还需要继续努力!今天上午的客流量比昨天的要少一点,但是成单率也比较高,我相信今天要突破昨天的业绩是不难的!

店　长: 嗯,我们要延续昨天的努力,发挥我们的团队力量达成目标。下一个谁来讲?

店员B: ……(略)

店　长: ……(略)

店员C: ……(略)

店　　长：……（略）好！今天的午会就到此了，大家想想用什么口号来总结呢？

店员们：（思考中）

店员C：团结就是力量，突破×××元大关！这句行吗？

店员们：好啊，这句不错，就用这句吧！

店　　长：好，那我们一起来喊出这句口号！

店员们和店长：团结就是力量，突破××××元大关！

4. 迎新会

4.1 迎新目的

消除新店员进店的陌生心理，增进老店员与新店员间的沟通和认识，体现"大家庭"的和谐。

4.2 迎新规则

4.2.1 每位新店员第一天上班时，店长必须组织、主持迎新会。

4.2.2 迎新会的时间为新店员进店后的当天早会或晚会开始前。

4.2.3 从店长开始，每个人都要做自我介绍，以便与新店员互相认识。

4.2.4 介绍完毕，各店员与新店员相互击掌，同时喊出"欢迎你"的口号，在欢快的环境中对新店员表示友好和鼓励。

4.3 新人带动

店长指定一位老员工，对新店员进行第一个月的指导和带动。这些指导包括心态成长、店铺产品知识、销售技巧、顾客的类型及应对方法等方面的指导。

4.4 会议案例

店　　长：今天我们店铺大家庭增加了一位新伙伴，大家来欢迎她的加入！

店员们：（一边有节奏地拍掌）欢迎、欢迎，欢迎来到××大家庭！

店　　长：先请新伙伴来自我介绍一下！这里有个标准的介绍方式，要告诉我们你来自哪里，婚否，年龄，最爱吃什么，最拿手的是什么！

新店员：好！大家好！我叫小K，来自四川成都，今年22岁了，还未婚，也没有男朋友！最爱吃麻辣火锅，最拿手的就是唱歌，吃火锅和唱KTV的时候别忘了我！

店　长：哇，四川来的辣妹子哦！我来介绍一下我自己，我来自广州，今年28岁了，……已经是妈妈了，家里有个可爱的小宝贝。最爱吃的就是甜品，最拿手的是炒菜，标准的"煮妇"……

店员A：……

……

店　长：好，都介绍完了，我们下面来进行迎新仪式。一个一个地来哦！小K，我们的仪式是这样的……（动作），欢迎来到××大家庭，加油！加油！加油！

新店员：谢谢大家！

店　长：好了，下一个！

……

锦囊

锦囊一：标准化会议流程

标准的例会流程包括以下几个方面的内容。

1. 准　备

任何时候，不打无准备之仗。一次成功的例会，必然要在会议开始之前做好充分的准备，将当日例会需要公布的内容进行梳理，同时进行情绪的调整和例会的流程预估。

2. 开场问好

开场问好的目的在于，例会开始就激励导购进入状态，并关注导购当下的状态和情绪。

3. 工作回顾

工作回顾的内容一般包括前一时段的销售、目标达成情况等。切记，回顾这些数据并不是真正的重点，关键在于数据背后所能够反映和体现出来的销售信息，例如"款式的畅滞分析""店铺工作的优劣势"等。结合这些，展开相应的成功分享或不足总结，从而对后续销售工作提供更有价值的指导和帮助。

4. 突出主题，分清主次

零售无大事。门店每天发生的事情小而多，由此也导致很多例会如同流水账，没有头绪。这种会议是无效例会，因为开完谁也记不住。所以，每次会议都一定要找到会议主题，突出强调，避免开无效例会。

5. 目标制定和工作安排

目标制定和工作安排的重点在于目标和工作任务的分解，具体、清晰，分派到人。首先，要以"人员"作为分解维度，将大目标转化细分为小目标并落实到导购团队中的每个人。与此同时，还有必要以"时间"为维度，将每个人对应的目标和工作任务进一步分解到一天当中的具体时段，从而在调动每个导购员工积极性、主动性的同时，对每个人每天不同时段的工作绩效进行比对和调整，进而促进整体目标和工作任务的达成与实现。

6. 培训和辅导

针对当天的工作进行具体辅导安排或点评。

7. 激 励

集体共同的激励作为一种表现形式，能够将导购团队每个人的潜在情绪显性化，从而在互动中实现更大的激励效果。

锦囊二：形式和内容同样重要

请记住，互动是非常重要的，会议主持人激情洋溢，参会人员无精打采的会议是没有意义的。一个优秀的店长，一定是让同事多分享，在同事说完以后多鼓励、表扬。我们建议，例会的时候最好站成一个圆圈，因为每个人都离得很近，所有人都可以看到其他参会同事。站成一个圆圈感觉上就是一个团队，可以让同事有投入感和参与感。同时，会议主持人的精神状态、仪容仪表、语气、语音、语调，都对会议有影响。

从事销售要有激情，但空有一腔激情，没有方法和技巧是没有用的，就如光有空洞的口号，没有实质的内容，员工就不知道加油到底要怎么加。

锦囊三：控制好例会时间

一般来说，早会要控制在5~10分钟。

晚会稍微长一点，因为要对一天的工作进行总结，但由于接近下班时间，员工容易分心，所以时间也不宜太长，以8~12分钟为宜。

交接班会，兼具了二者的功能，既对上午班的工作进行总结，又对下午班的工作进行安排，时间约为10~15分钟，最长不超过20分钟。

周会的时间就可以长一些，因为要安排一周的工作，可以在20~30分钟。

而月会呢？因为是一个月工作的整体安排和总结，有时候还要有一些培训和团队沟通方面的内容，加入一些游戏和互动等，所以一般时间可以安排在1~2个小时。

作为店长（或例会主持人），例会一开始就应该紧紧把握住例会的主题。这就需要他们在会前就根据例会主题，做出例会议程的进度计划表，以方便例会过程中的时间把控和会议节奏控制。

锦囊四：良好的执行决定会议的意义

光开会不执行，那么例会也没有意义。要让会议精神更好地贯彻执行下去，我们需要做以下工作：

1. 例会前

每个人准备一个记录本，用于记录每天的会议内容和平时遇到的工作难题等，开会时每人必须做好会议记录。

2. 例会中

遵循简单、清晰、具体的原则。

避免出现大而空的套话官话，要把上级要求、规章制度、指示尽量用最简单的语言如实清晰传达，执行的要求及标准要讲明白，分配到人，便于执行和监督。

3. 例会后

当日当班负责人做好《班前会会议记录》以备随时进行检查。

非当班及未参加当日班前会的所有人员须认真阅读《班前会会议记录》，并签字确认。

对当日当班布置工作的落实情况进行检查，严格监控，布置的工作必须落实。

对受到表扬的员工，要注意自满情绪。

对受到批评的员工，要注意观察他的改进情况，及时表扬、鼓励。对有些员工会后进行批评帮助，效果更好。

检查班前会布置工作的落实情况，做好记录，在以后的班组会上再讲，讲过的事情必须落实。

欧阳寄语：小例会，大作用。

管理复制——要权威，还是要规则

开心乐园的秦老板是个心地非常善良的人，对待员工也非常好，如同一家人。在他眼里，这些年轻人都像自己的孩子一样。有谁犯了什么错误，他也是选择包容和谅解。

从最初一家母婴店辛苦创业，秦老板和太太先是自己亲自站店，把店铺的生意一点点做起来。后来，小店换成了大店，员工也越来越多，秦老板夫妇俩本着人性化管理的原则，时不时请大家吃点东西，员工累了就轮换着休息，店铺里氛围其乐融融。可惜，时间不长，秦老板就觉得事情变了味儿。

事情的转变还要从秦老板生意越做越大说起。

开第二家店时，秦老板和太太一人负责一家店，同时又招聘了一些员工。

开第三家店时，秦老板的妹妹来帮忙，负责第三家店。

开第四家店时，秦太太的弟弟来帮忙，负责第四家店。

一直到此时，店铺基本还是稳定发展的。

可开到第五家店时，问题变得越来越大。

原因是，之前的门店，基本都是秦老板和太太亲力亲为进行管理。哪怕又开了新店，由自己的弟弟妹妹帮忙看店，同时也招聘了一些员工，但夫妻俩

复制篇 | 精准定位、分级拓展，母婴店才能开一家、火一家

一直也没放松过，每天跑来跑去，盯着各个店铺的生意，对每个员工都嘘寒问暖。为了能留住人，有时员工有了什么小问题，秦老板也是觉得，熟手比新手强，尽量能包容就包容。而店铺基本上是老板、老板娘或老板的亲戚每天在店铺从头到尾看店，所以员工也没有明显的偷懒等行为。

> **诀窍一点通：**
> 没有规则，没有标准，等同于没有要求，自然就没有结果。

但是，店铺做大了之后，店越开越多。这个时候，光靠自己夫妻俩和亲戚的力量是不够的。秦老板的第五家店，提拔了一名老员工做店长。为了能让这名老员工好好当店长，把店铺的业绩做上去，秦老板可谓操碎了心。店长也信誓旦旦，要帮老板把店铺做好。可某天秦老板突击去巡店的时候，还是发现，这个店长自己带头坐在收银台嗑瓜子，店铺地面一片狼藉，有顾客来，其他人也是爱答不理。秦老板一时非常失望，觉得自己受到了背叛。即便如此，他仍然没有大光其火，只是让店长好好跟他解释清楚，下不为例。没想到，店长深知秦老板的脾气，知道他是个老好人，下不了狠心对员工严格要求，所以，只是表面应付了一下，过后仍然得寸进尺，我行我素。当秦老板再次提出问题的时候，他甚至开始顶撞："你们又没说要怎样。以前在店铺休息也是可以的呀，为什么现在不行了？"

一时间，一向好脾气的秦老板郁闷极了。这个员工还是他最信任、最器重的呢，怎么会出现这种情况？如此下来，店越开越多，靠自己和靠亲戚终归是人手有限，其他人又靠不住，到底该怎么办呢？

秦老板陷入了沉思。

秦老板的问题非常典型。在生意规模小的时候，问题并不明显。生意越大，这个问题会越突出，越尖锐。

为什么会这样呢？秦老板一直在用"人治"，没有标准，没有规则，没有要求，员工被宠坏了，已经习惯了。而当老员工被提拔起来当店长之后，秦老板也没有提出明确的标准和要求，这个店长并不知道自己该做什么，这样的话，店铺的管理又如何成功复制呢？

其实，对于秦老板而言，当处于创业期的时候，"人治"是必需的，因为没有强大的实力，没有稳固的业绩，招聘人员也不容易，所以，留人为先。可是，一旦门店规模开始扩大，这个时候，依靠一己之力是不行的，必须要整合团队的力量，培养一批自己的兵，而不是单纯依靠亲戚的力量。

所以，如果想做大，就必须让门店进行标准化管理，这样才可以复制。

记得十几年前我刚刚当店长的时候，第一感受就是虚荣——当官了，然后就是开心——工资涨了，但是内心对于店长这个职位并没有过多的感觉。说实话，自己当时也不知道店长和导购有什么区别，也许当时最大的区别就是工资多拿了两百元。

但是，经过这么多年的历练之后，我对店长这个职位的认知越来越深了。

很多店长上任之后，不知道该干什么。不少从店员提拔起来的店长，在专卖店站惯了，当他们变成管理者的角色，反而不知道自己该干什么了，工作也没偷懒，但就是不出业绩。

其实，店长的工作是有流程的。让我们先看看店长一天的工作吧（如附录八所示）。

锦囊一：每天有标准

作为店长，每年 365 天，别人忙的时候我们忙；别人放假了、休息了，我们反而更忙。零售门店的店长每天的工作是很辛苦的，似乎有无数的细节要围着转。但是，如果想成为一名优秀的店长，千万不要被琐事迷昏了双眼，一定要学会抓大放小，有重点、有主次。

来到门店，貌似我们每天的事情都是一样的，都要做销售、冲目标，但其实门店在不同的发展阶段、不同的季节周期，所忙的事情有所不同。例如，1 月，忙的是冲高业绩，消化库存。这时是全年最忙的时候。如果有哪个店长在这个时候抓店铺的卫生大检查，那员工肯定会说，这个店长有病。7、8 月，是全年最闲的时候。这个时候，很多店铺要抓服务大练兵、陈列大比拼之类的，为的是让淡季人不淡。也就是说，虽然客流少了，员工的状态依然忙碌，依然不错。

每天，店长来到店铺的第一件事，一定要确定当天的工作计划和工作重点，知道自己现在最要紧的是什么，最先要解决什么事，要有重点、有主次。每天解决一个问题，长年累月下来，经验自然就积累下来了。

所以，店长每天的工作流程应该是：

制订当日计划；

检查日常工作；

召开例会；

鼓舞士气；

补充货品及促销；

分析客流，把握成交；

督促完成任务；

总结当日工作；

对当日的业绩完成状况进行总结；

对当日工作完成状况进行总结跟进。

如果店长没有学会把每天的工作理清思路，有序完成，那么店铺众多无序的琐事终会将自己埋没。

锦囊二：每周有梳理

1. 店长的周工作重点

填写周报表：店长每周填写《门店信息周报表》；

周营业分析：店长在做周报表的同时应进行周营业分析；

召开周会：店长应在周一营业的空当召开周例会。如果是早晚班制，则最好的召开时间是周一交接班前后，即要求所有的店员都在场，周会的时间建议控制在半小时内。

周会应在门店召开，召开期间正常营业。为了在开会期间不流失顾客，店长应安排几名店员正常接待顾客。

2. 周营业分析的要点

分析营业数据，分析低库存产品，制订补货计划；

分析各导购员的销售数据，找出问题点；

分析客单价、成交率、续销额，评估导购问题点；

分析各品类的销售占比和态势，制订弱势产品的销售计划；

分析各区域的销售占比，寻找提升弱势区域销售业绩的方法；

分析促销推广效果，提出整改意见；

分析橱窗、货品、道具陈列，制定陈列调整方案。

3. 召开周会的内容

上周销售额和目标达成情况；

上周各品类销售报告上周畅销款、滞销款；

上周各店员工资表现和业绩；

上周顾客投诉、退换货情况；

本周销售目标；

预计本周货品到货情况；

本周促销、陈列安排；

本周人员应加强的方向。

锦囊三：每月有总结

1. 店长月例行工作

月盘点；

店员考核；

月例会；

月销售分析；

季度任务完成状况分析。

2. 召开月例会的注意事项

店长应在每月的 5 日前召开月例会；

月例会的参加对象为所有店员，店员无特殊情况不得请假；

店长应提前两天告知上级月例会的地点和会议主要议题。

3. 月例会的重点

公司、上级领导下达的任务等；

专门培训议题；

本月营业计划；

上月店员考核情况；

上月营业总结。

欧阳寄语：要管先要理，有条有理方清晰。

人员复制——要"强将",更要"精兵"

转眼间,孟老板已经在孕婴童行业摸爬滚打了十多年,从最初的一家店,到现在拥有60多家直营连锁门店、130多家加盟商门店,生意可谓是红红火火,而且在当地成了本行业的龙头老大。

在生意普遍越来越难做的今天,孟老板的店铺却开一家火一家。而且,就连人们普遍认为不好管的"90后",在他的店铺也是服服帖帖的。别人家是招不到人,招到了也经常是来得快走得也快。而他家呢?一开新店,招聘新员工时,大家个个挤破头都想去。

是什么原因让大家都愿意选择孟老板的店铺呢?除了行业老大的原因,还有什么其他的诀窍吗?难道是孟老板开出了远高于同行的薪水吗?

其实,孟老板开出的薪资水平,不过是行业平均值而已。他真正擅长的,是用人之道。哪怕是一个在别的地方毫不起眼的普通员工,也总能在孟老板这里被激发出潜质,找到最优秀的那个自己。

当然，孟老板并不会特异功能，他也是一步步地尝试才摸索出方法来的。

最初，孟老板在店铺里尝试人人平等，大家都是销售人员，不分高低上下。可是，时间久了，他就发现，店铺的问题越来越多，尤其在大店，问题更加明显。

首先，每个人都抢着做销售，因为有提成，但大家都不愿意做卫生、后勤服务、收银、送货等工作。

其次，店铺遇到问题无人负责。例如，出现顾客投诉，员工之间出现争执，账目出现错误，货品出现丢失等，因为没有人牵头，也没有人负责，遇到问题都是相互推诿和埋怨，最后反而是孟老板自己挨个儿做思想工作，然后自己掏腰包承担所有责任，员工才算平静。而且，员工一旦有情绪波动，结果直接就反映在业绩上，因为心情不好就无心销售，所以一遇到问题，店铺业绩就会下滑。

为此，孟老板在每个店铺设置店长一职，店铺的工作由店长牵头、分派并负责。在大店，另设置收银、理货职位，由专门的收银员、理货员负责收银、理货等日常行政类工作，只附带辅助销售工作。这些人员比导购的基本工资高，但提成比例低于导购。

这样的配置进行了一段时间，当门店扩张到五家以上时，孟老板又遇到了新的问题。

店与店之间开始出现了不和谐。店铺多了，自然会出现各个店铺之间的互相调货、老顾客多店同时购买等状况，但几家店因为没有沟通，没有协调，更缺乏统一的指挥调度，经常遇到调货时势同水火，个个都不愿意调出货品，只愿意调进货品。而当老顾客到别的店铺购买，几个店铺更是像仇人一样，纷纷争抢，认为这是自己店铺的功劳。几位店长也是谁都不服谁，谁也不理谁。

随后，孟老板开始新的调整，设立了新的组织架构（附录九至附录十二详细阐释了专卖店的组织架构及相关岗位的角色定位、岗位职责）。每8~12家店设置一个督导，协调本区域店铺的整体工作，包括人员调配、货品调配、陈列指导、日常店铺工作指导、店长工作辅导等。

建立绩效考评制度，同时鼓励师徒传帮带制度和全员学习的企业文化。

所有员工和店长都要进行绩效考评，每季度考核评定一次。考核结合业绩、考勤、专业知识考核、团队配合、工作态度等多方面进行。

其中，门店导购分为实习导购（一星）、正式导购（二星）、资深导购（三星）、育儿顾问（四星）、育儿导师（五星）等。

新员工试用期间为一星导购，转正即为二星导购。连续三个月完成业绩目标可以转为三星导购。连续六个月完成业绩目标，且通过育儿知识考核，则为四星导购。拥有四星导购的级别，同时带出两个以上二星导购的，则提升为五星导购。如果业绩连续三个月不能达标，则自动降级。

同时，在高标准严要求的企业规则中，孟老板又特别注重与员工的精神交流。

他要求每个督导每个月至少要和属下每个直属门店店长进行面对面半个小时以上的深入沟通一次，门店店长要每个月对属下每个员工面对面半个小时以上深入沟通一次。

推出总经理信箱，任何员工可以随时发关于店铺和公司发展的建议和意见的电子邮件给他，可以署名，也可以匿名。

培训方面，专门招聘了培训专员，负责所有入职新员工培训，每个人培训后方能上岗，上岗后店铺安排师傅，也就是四星导购进行传帮带。老员工每个季度都会有关于店铺产品知识、陈列知识等的专业技能培训。店长每年有一次外出听课学习的机会。全员每年有一次团队培训的机会。

另外，安排门店员工每年有一次外地旅游的机会，每季度有一次员工集体活动。

因为这些用人的新举措，孟老板公司的员工流动性非常小。即使偶尔有离职的员工，也被其他竞争对手抢着要。唯有孟老板自己清楚，真正的好员工，自己是不会让他走的。走出去的，都是他这里淘汰下去不够优秀的员工。

锦囊一：榜样走在前，言传更身教

教人的时候，身体力行、言传身教更加重要。在高标准、严要求地培训储备店长时，我们一定要身体力行，自己在各方面先做出一个榜样来，才可以保证别人听得进去。

锦囊二：环境改变人，文化最重要

案例中的孟老板，就是在公司企业文化氛围的营造上非常注意，他的企业整体上保持着积极向上、良性竞争的文化。

锦囊三：要求不放松，标准精专高

严师出高徒。我们对下属有多高的要求，预示着他们会有多大的成就。因为我们的目标越高，他们可达成的高度就越高。反之，可达成的高度就越低。因为人总是有惰性的。

锦囊四：师徒传帮带，手把手教导

教育和培养的过程是一个漫长而烦琐的过程，但在教导的过程中，不只是受教者有收获，教导者同样不断成长。对于需要教导的内容，店长首先需要进行系统性的灌输和手把手的指导，事无巨细，然后储备店长才能消化和吸收。

锦囊五：新人放手练，机会无须找

任何理论知识，如果自己没有经过亲身体会，是不会有感觉的。所以，在一定的时候，让储备店长放手去干，哪怕有一些失误。没有失败，就不会有成功，因此勇敢试错是必需的。在成长的路途中，即使有泥泞，一旦成长起来，过往的挫折也会是我们难得的宝贵经验。

锦囊六：沟通时时有，心与心相连

首先，要多和员工沟通，让其认清企业及店铺当前所处的形势，了解企业长远的战略目标和近期的经营目标，站在全局的角度去处理问题。

其次，要严格让其遵守公司的规章制度，有较强的法律、制度意识，不因个人或店铺局部利益而打破规则，扰乱公司的平衡秩序。

最后，还要培养其团队意识与团结协作能力，店铺与店铺、店铺与公司各部门之间必须相互帮助、密切配合，才能保证整体工作目标的完成。

一个人的能力可以慢慢培养，但一个人的心在哪里很重要。如果心在一起，哪怕再难再险，也会齐心协力一起去克服；但如果心不在一起，无疑只会事倍功半。

欧阳寄语：孩子是家长的镜子，员工是老板的镜子。

后 记

这是我的第五本书,姑且叫它小五吧。小五和它前面的四位"兄长"一样,整本书都凝聚着我的心血与汗水,都是我挑灯夜战一个字一个字地打出来的。坚持亲力亲为,是我的幸与不幸。整个过程很累,但我很满足,毫无遗憾。

小五的诞生,和我人生中的第二个孩子是同时的。2016年,国家开始推行"二孩政策"。我决定暂时放下正值高速发展期的事业,在已经被称为高龄的阶段,为自己再增添一个小天使。这个决定,让我不管在物质上,还是精神上,都付出了很多代价。但我一直认为,值得,而且是超值。因为一个活蹦乱跳的小生命带来的欢笑和幸福岂是可以量化的?给孩子万贯家财,不如给孩子一个亲人。

而今,我的第二个孩子已经会向我绽开如花笑颜。这本小五也要揭下盖头,向大家展露容颜。

2016年12月28日,人民网刊登了一篇转自《南方日报》的文章《新一轮"婴儿潮"催生数万亿市场》。"全面二孩"政策的实施,受益最大的无疑是孕婴产业，奶粉行业则首先获益。据婴童产业研究中心公布的数据，2015年母婴市场规模已达2万亿元，而至2018年母婴市场规模将超3万亿元。业内人士表示，"全面二孩"政策带来的生育高峰及消费升级，将成为拉动包括婴幼儿奶粉行业在内的母婴行业高速增长的引擎。

环境因素无疑对销售市场有很大影响，而"80后""90后"新妈妈的育儿观念也会直接影响销售。随着科学育儿观念的盛行，以及在信息爆炸的时代，种种育儿资讯都像雪片一样飞向我们，我们在育儿过程中遇到的各种问题，都可以得到解答。有人说，这是一个最坏的时代，因为在信息不对称的时代，生意是好做的，钱是好赚的。但其实，这也是一个最好的时代，因为有了信息时代的广泛传播，我们才更有商机，关键看自己能否把握住。

例如，在十年前有几个人知道婴儿游泳的概念？有谁家的小孩没满月就抱出去，还是去游泳？更别提什么DHA益生菌洗护品护臀膏了，几个月小孩抱出去上早教课更是稀罕事。但现在，这些都是正常的，甚至变成了一种风气。产后修复，小儿推拿，妈妈班……如果你家小孩没去游过泳，仿佛已经落伍了一样。这些都是商机。

在如潮的商机中，我们更要努力跟上这个时代，顺应潮流越搏越勇，而不是被这个时代淘汰。祝大家好运！

此书的出版，要感谢我的小儿子南天给我带来的灵感，他和这本小五一起孕育成长。感谢我的先生背后给我的鞭策，是他的勤奋和自律深深地感染了我，使我永远走在知识的前沿！感谢我的大儿子南曦，在妈妈努力工作的时候，他能很好地管理自己，做好弟弟的榜样！感谢我所有的家人，给予了我背后最大的支持！感谢我的所有粉丝，是你们的信任和热情激励我不断前行！

2017，机会生生不息，期待处处有你。

附录一
神秘顾客调查问卷

店铺名称：_____　　问卷人：_____　　日期：_____

1. 当你进入店铺时，有没有导购向你打招呼？

（用语言或行动令你感觉或注意到受欢迎）

有，礼貌式向你打招呼，并且表现热诚亲切　　　　　　　　　　（　　）

有，礼貌式向你打招呼　　　　　　　　　　　　　　　　　　　（　　）

没有，是因为

——导购正在忙着招待其他顾客，以致注意不到你　　　　　　　（　　）

——导购只做非顾客服务，而不以客为先　　　　　　　　　　　（　　）

——导购只顾闲谈　　　　　　　　　　　　　　　　　　　　　（　　）

——导购看到了你，但没有理睬　　　　　　　　　　　　　　　（　　）

2.（1）你认为该店铺导购的仪表怎么样呢？

非常醒目——衣着、头发整齐，鞋面清洁光亮，衣服帖服平直

一般——个别导购需要把鞋子清理一下，把衣服烫平，还需梳理一下头发

( )

不整齐——衣衫不整，鞋很脏 ( )

注：若是不整齐，请简述为什么你会有这种感觉？

_____

_____

（2）该店展示的商品摆放怎么样？

非常整齐 ( )

还算整齐，但有些乱 ( )

非常凌乱 ( )

（3）该店地上的干净程度如何？

很干净 ( )

还算干净，但有些废物在地上 ( )

有很多废物在地上 ( )

（4）你能否看到在店铺内（非货仓范围）摆了一些装货的箱子或摆在货架下面呢？

没看到 ( )

看得到 ( )

3. 你在一家店铺里随意地看货品的时候，有以下情况发生吗？

有导购留意到你，而你感到舒服自在，完全没有任何压力 ( )

有导购留意到你，而对你产生压力（如导购过分盯着或跟随着你、导购重复向你打招呼、太多导购同时向你打招呼等，令你感到不自在） ( )

没有导购留意你，是因为

——导购正忙着招待其他顾客 ( )

——导购只顾做非顾客服务，而不以客为先 ( )

——导购只顾闲谈而忽视你 ( )

4.（1）当你进一步选择货品（示意产生兴趣）的时候，有以下哪一种情况发生？

有导购主动在适当时候技巧地上前协助你　　　　　　（　）

有导购留意到你，问有什么可以帮忙　　　　　　　　（　）

有导购留意到你，但过分地盯着或跟随着你，令你感到有压力　（　）

没有导购留意你，是因为

——导购忙着招待其他顾客　　　　　　　　　　　　（　）

——导购只顾做非顾客服务，而不以客为先　　　　　（　）

——导购只顾闲谈而忽视你　　　　　　　　　　　　（　）

（2）你是否感到导购表现得热诚亲切呢？

感觉得到　　　　　　　　　　　　　　　　　　　　（　）

感觉不到　　　　　　　　　　　　　　　　　　　　（　）

5.（1）选择买的商品没有存货，会发生以下哪种情况呢？

导购查了货仓后，告诉你那件商品没有存货　　　　（　）

导购没有为你查库存，但是他说早些时候查过已没有你要的商品而令你信服　　　　　　　　　　　　　　　　　　　　　　　（　）

导购没有为你查仓库，只是呆板地直说没有你要的商品而令你不信服
　　　　　　　　　　　　　　　　　　　　　　　（　）

（2）导购有没有为你查询你要的商品什么时候才有，或者在哪间分店有货，并且建议你过一些时候再来或去有该货品的分店买？

有，导购全意为我查询电脑资料或打电话询问其他店铺有没有货并做出建议，令我感受到殷勤　　　　　　　　　　　　　　　　（　）

没有，导购正忙着或需要招待其他顾客，没有请我留下联络方法为我跟进
　　　　　　　　　　　　　　　　　　　　　　　（　）

没有，导购正忙着或需要招呼其他顾客而没有全意为我查询电脑或打电话询问其他店铺有没有货及做出建议，只是请我留下联络方法，再为我跟进
　　　　　　　　　　　　　　　　　　　　　　　　　　（　　）

　　没有，导购并非忙着或招呼其他顾客而没有为我马上查询/效劳，更没有请我留下联络方法　　　　　　　　　　　　　　　　　（　　）

　　（3）虽然你有兴趣买那件商品，现时该店没有存货，但导购有没有主动介绍其他类似的产品呢？
　　　　有　　　　　　　　　　　　　　　　　　　　（　　）
　　　　没有　　　　　　　　　　　　　　　　　　　（　　）

附录二
准店铺评估表

1. 准店铺环境评估表

地区：　　　　省　　　　市　　　　区/县

店铺地址：　　　　　　　　　合同有效期：

客户姓名：　　　　　　　　　电话：

（1）城市环境

人口_____万人，年均人收入_____。

消费能力（母婴用品方面）：□高　　□普通　　□差

外来流动人口：□少量　□普通　□大量

年　龄：___岁至___岁

（2）店铺附近环境

①辅助性行业：

□综合性医院　　□妇幼保健院　　□步行街　　□肉菜市场

□学校　　　　　□幼儿园　　　　□大商场　　□时装店

☐超市　　　☐其他　　　　☐童装店　　　☐品牌专卖店

②破坏性行业：☐小贩摆摊　☐空置地盘　　☐其他

③交通设施：☐公交站　　　☐地铁站　　　☐停车场

店铺前是否可停泊电动车及摩托车：☐是　　　　☐否

店铺前是否可停放自行车：　　　☐是　　　　☐否

店铺前交通流量情况：　☐安静　　☐普通　　　☐繁忙

④店铺前行人流量分析：

星期一至星期四：☐弱　☐一般　☐强　☐非常强_____人次/天

星期五至星期日：☐弱　☐一般　☐强　☐非常强_____人次/天

节假日期间：　　☐弱　☐一般　☐强　☐非常强_____人次/天

⑤门口是否有红绿灯：　　　　　☐有　　☐无

⑥门口道路是否有斑马线：　　　☐有　　☐无

⑦门口的主体人流方向：☐从左到右　☐从右到左　☐从对面过来

⑧店铺附近是否有大型标志性建筑：☐有　　☐无

⑨左邻居是_____店铺，右邻居是_____店铺，对面是_____店铺。

⑩以准备开店的位置为圆心，50米半径的区域内，有_____间母婴店。

⑪ 拟开店铺是_____品牌。

⑫ 拟开店铺的顾客主要是　　　☐流动性顾客　　　　☐熟客

⑬ 该商圈是属于：

☐社区　　　☐商务区　　　☐步行街　　　☐闹市区　　☐医院附近

⑭ 周围店铺营业时间：_____点到_____点。

⑮ 店铺周围大型设施/商场超市购物中心调查：

商超名称	共计层数	面积	母婴用品所在比例	其他

2. 竞争对手分析表

（1）竞争对手基本情况

名称	面积	价位	所在位置	广告策略	市场认可度	营业时间	人流量

（2）竞争品牌的经营情况分析

分析项目	具体内容分析
有否本地品牌	
市场定位	
产品优势（包括有何核心产品）	
价格优势	
产品的主体消费群体	
最成功的促销活动	
店铺的布局	
陈列方式的独特之处	
现场店铺管理的水平	
员工的综合素质	

（3）所处商圈商品现状分析

分析项目	具体内容分析
主流产品的品牌	
主流产品品类	
主流产品价格	
滞销产品	
滞销产品的价位	
滞销产品卖不出去的原因	

3. 店铺基本现状

（1）店铺类型：□当街店铺　　　□商超　　□商住楼

（2）店铺实用面积＿＿＿平方米。

（3）楼层高度：店内地面到天花板＿＿＿米，门口地面到天花板＿＿＿米。

（4）店铺前街道宽度：人行道＿＿＿米，马路＿＿＿米。

（5）店铺能见度：□好　□普通　□较差

（6）店铺户外大型广告：□有＿＿＿平方米　□没有

（7）门头招牌尺寸：（高）＿＿＿×（宽）＿＿＿＝＿＿＿平方米。

门面橱窗：□有　长＿＿＿米，高＿＿＿米　□没有

（8）门前阻碍物：□门前灯柱　□树　□电箱　□铁栏　□公交站
　　　　　　　　□停车场

（9）店铺整体外观：□好　□中等　□差

（10）店内仓库：　□有　□无　□需要重新设计分隔

（11）　空调：□有　□无

　　　　音响：□有　□无

　　　　网线：□有　□无

（12）店内货架分布：＿＿＿＿＿，是/否需要增加配置　□是　□否

（13）模特架：□有，共___个，其中男___个，女___个

　　　　　□无，是/否需要增加　□是　□否

（14）员工工服：□有　□无

（15）广告宣传品：□喷画　高___米，长___米

　　　　　□灯箱　高___米，长___米

　　　　　□吊旗　　□X架　　□其他

　　　　　□无，是/否需要增加　□是　　□否

（16）货场内可容货量：共___件。

　　　　店内仓库可容货量：___件。

（17）销售情况：平均营业额_____元/月，每月进货额_____元。

（18）店铺租金或专柜扣点：_____/月，店员人数____人，平均月工资_____元，文具办公杂费___元/月，装修费用按租期分摊_____元/月。

存在的问题：_____

改进的建议：_____

_____

_____

_____

（19）店铺现状照片。

注：提供不少于10张店铺各方位的照片，包括门面、店内及附近环境、左右邻居的门头照片。

4．店铺管理情况

（1）日常店铺负责人：□投资负责人　□外聘店长　□其他

（2）店长品牌意识和经验：□很好　□良好　□一般　□稍逊　□差

（3）店员数量_____人，店员销售技巧：□好　□一般　□差

（4）销售日报表填写：□有　□无

日常销售分析工作：□有 □无

（5）是否经过正规培训：□是 □否

经过哪些培训＿＿＿＿＿＿＿＿＿＿＿＿＿＿＿＿＿＿＿＿＿＿＿＿＿

所受培训重要吗？＿＿＿＿＿＿＿＿＿＿＿＿＿为什么？＿＿＿＿＿＿＿

（6）店员对产品熟悉吗？＿＿＿＿＿＿现场模拟测试过没有？＿＿＿＿＿

（7）店铺的盘点周期是多长时间？＿＿＿具体到明细了吗？＿＿＿＿

（8）店长情况：年龄＿＿＿，学历＿＿＿＿，亲和力＿＿＿＿＿＿

5. 客户信息

（1）以前是否从事过母婴行业？＿＿＿＿＿＿＿＿是散货，还是品牌？＿＿＿＿什么品牌？＿＿＿＿＿＿＿＿

（2）客户姓名＿＿＿＿＿＿，性别＿＿＿，年龄＿＿＿，文化程度＿＿＿＿＿＿

（3）投资实力＿＿＿＿＿＿＿元，当地的宣传媒体有＿＿＿＿＿＿＿

如果与媒体有合作，有无广告推广计划？＿＿＿什么时间段做？＿＿＿

（4）客户想做中高档品牌还是做低档品牌货或散货？＿＿＿＿＿＿＿＿

（5）希望做的品牌的价位是＿＿＿＿＿＿＿元

6. 店铺综合评估说明

＿＿＿＿＿＿＿＿＿＿＿＿＿＿＿＿＿＿＿＿＿＿＿＿＿＿＿＿＿＿＿＿＿＿

＿＿＿＿＿＿＿＿＿＿＿＿＿＿＿＿＿＿＿＿＿＿＿＿＿＿＿＿＿＿＿＿＿＿

＿＿＿＿＿＿＿＿＿＿＿＿＿＿＿＿＿＿＿＿＿＿＿＿＿＿＿＿＿＿＿＿＿＿

7. 拓展意见

＿＿＿＿＿＿＿＿＿＿＿＿＿＿＿＿＿＿＿＿＿＿＿＿＿＿＿＿＿＿＿＿＿＿

＿＿＿＿＿＿＿＿＿＿＿＿＿＿＿＿＿＿＿＿＿＿＿＿＿＿＿＿＿＿＿＿＿＿

＿＿＿＿＿＿＿＿＿＿＿＿＿＿＿＿＿＿＿＿＿＿＿＿＿＿＿＿＿＿＿＿＿＿

＿＿＿＿＿＿＿＿＿＿＿＿＿＿＿＿＿＿＿＿＿＿＿＿＿＿＿＿＿＿＿＿＿＿

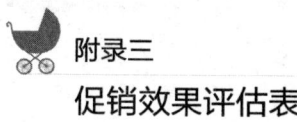

附录三
促销效果评估表

促销主题	
促销活动时间	
促销目的	
促销方式	
促销口号	
针对促销商品	
目前店铺促销品的数量	
需要调配件数	
促销品陈列面的确定	
预估业绩	
预估销售件数	
本次促销费用	
毛利预估	

（续表）

促 销 评 估	
促销效果与原因	
实际销售件数	
实际销售金额	
促销品种销售件数	
促销品种销售金额	
促销期间整体平均单价	
实际促销费用	
实际毛利率与利润	
本次促销活动反映	
建议改良方案	

 **附录四**
常见顾客价格异议话术模板

1.太贵啦!

错:不贵呀!

错:多少钱才肯要?

错:这个价格还嫌贵?

错:不算贵,已经打折了,比原价优惠多了。

错:我们现在搞促销活动,多买多送,物超所值哦!

对:是的,我能理解,价位确实不低。不过,孩子的健康和安全是最重要的,这也是父母给孩子最好的礼物。您说是吗?而且,相对于品质而言,我们的性价比真的是很高的了。比如,我们是……

2.质量会不会有问题?

错:肯定不会啦!

错:绝对没有任何问题!

错：有问题您找我！

错：放心吧，我们这么大的品牌！

对：这点您尽管放心，我们的产品一直非常注重品质和口碑，有××年的历史，品质信得过。

3. 不能算便宜一点吗？

错：没有办法。

错：不行。

错：这是公司规定。

错：不好意思，这个价格已经很优惠了！

对：是的，我们都希望能用最便宜的价格买到最好的产品。不过，这点您尽管放心，我们所有的产品在全国都是采用的统一定价，以最优惠的价格回报消费者。这对消费者是最好的保障。而且，我们的售后服务和产品品质都是很有口碑的。相信我们更应该关注的是这一块，您说是吗？

4. 没听说过这个牌子。

错：不会吧，我们这么大的品牌。

错：不会吧，我们上过中央电视台的。

错：不会吧，我们全国上千家门店。

错：附近的顾客都知道我们。

错：那肯定是你没注意，我们这店铺开了好多年了。

对：那太好了，那今天刚好给我个机会，让我来给您介绍介绍。确实，现在品牌太多，没听说过也很正常。我们这个品牌来自……

5. 我认识你们老板。

错：不好意思，没有办法……

错：我们是照规定办事，老总来也一样。

错：不会吧，真的假的？

对：那真是太好了，所以您一定知道我们公司是非常注重诚信服务的，而且价格都是全国统一价，质量又有保证，买东西您一定更放心了，您说是吗？

6. 我不需要了！我再看看！

错：好吧，您慢慢看（有需要再叫我！没需要……）

对：那好吧！既然您没有兴趣，我们当然不会勉强您！只是我想了解一下是哪方面的问题让您不需要了呢？……我想跟您说的是……

附录五
竞争对手调查表

区域：　　　店铺：　　　制表人：　　　日期：　　年　月　日

品牌	店铺面积	店铺业绩	店铺人员	店铺地址	市场情况分析	店铺服务优劣分析	店面形象优劣分析	产品分析及促销活动	店面情况优劣分析	备注说明

附录六
常见零售门店组织架构

2~9 家店的组织架构

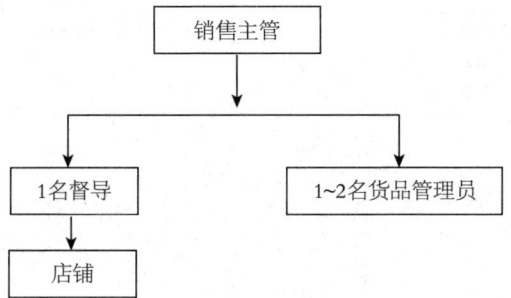

10~20家店的组织架构

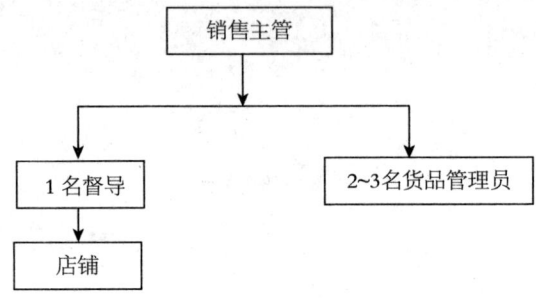

21~40家店的组织架构

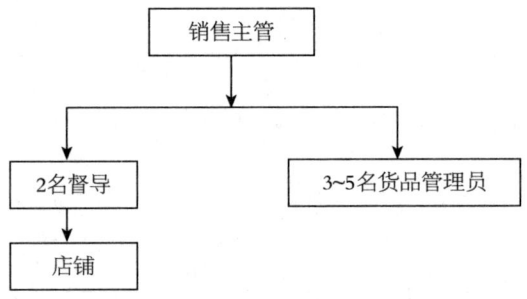

41~60家店的组织架构

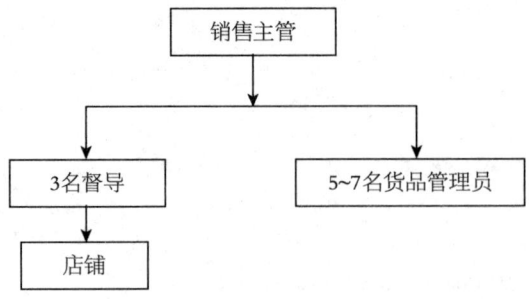

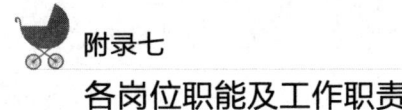

附录七
各岗位职能及工作职责

一、销售主管的职能及工作职责

1. 销售主管的角色定位

销售主管的角色应该定位为品牌销售政策的制定者、市场信息的发布者，以及销售督导的辅导者。为了担当好上述角色，销售主管必须到市场一线中去。只有这样，销售主管才能深入了解市场情况、客户需求，以及竞争对手的情况，从而制订出适应市场发展、满足客户需求的销售政策和计划，并协同销售督导共同完成销售目标。

2. 销售主管的工作职责

2.1 拟订年度销售计划，分解目标，做出全年及分阶段销售实施计划，并按目标计划强有力地执行。

2.2 负责制定、完善和执行店铺的工作程序、流程和各项规章制度，并进行评估。

2.3 分析市场状况，对消费者购买心理和行为进行调查，正确做出市场销售预测，并制定相应的策略。

2.4 收集、整理和分析竞争品牌产品的性能、价格、促销手段等市场信息。

2.5 对各店铺的订货金额和订货量进行汇总分析，制订相应销售计划，对各店铺的销售能力进行风险评估，提前做好应对方案。

2.6 做好每季度的新品上市计划，跟进货品的到货期。

2.7 结合年度销售计划，规划开店布局，以及进行盈亏分析。

2.8 组织、建立、健全客户档案，把握重点客户的消费趋向。

2.9 做好终端店铺运营和服务管理，为顾客提供优质服务，并达成店铺销售及盈利指标。

2.10 做好零售终端店铺的商品管理和促销执行，将库存率保持在合理水平。

2.11 做好销售团队的建设与培养，提升团队的专业性、高效性。

2.12 做好销售数据分析，市场调查分析，以及库存动态分析，并以此指导促销方式的制定和执行。

2.13 做好合理的配货、调货促销销售，控制库存。

2.14 培养优秀销售督导和店长，在终端店铺做好客户服务及指导等工作。

2.15 定期走访市场，对销售终端进行监察和回访，做好品牌维护，以及市场监管工作。

2.16 配合拓展计划，对拓展方案作评估和复核，做到新开店良性发展，杜绝不良店铺的发生。

2.17 定期召开销售例会，分析销售工作，调整方向，对工作不达标准的员工及时进行培训。

2.18 根据销售预算进行成本控制和过程控制，降低销售费用。

2.19 参与重大销售谈判和合同签订。

2.20 维护好与各大商场及相关业务单位的客情关系。

3. 销售主管的权利

3.1 销售主管的责任

3.1.1 对工作目标及各项经营指标的完成负责。

3.1.2 对店铺的赢利状况负责。

3.1.3 对上级分配的工作负责。

3.1.4 对销售终端网络建设的合理性、健康性负责。

3.1.5 对销售指标制定和分解的合理性负责。

3.1.6 对货品的合理调配和库存率的合理性负责。

3.1.7 对促销活动的执行和评估负责。

3.1.8 对所属下属的纪律行为、工作秩序、整体工作能力负责。

3.1.9 对零售预算费用的合理性负责。

3.1.10 对零售工作流程的正确执行负责。

3.2 销售主管的权利

3.2.1 有对下属人员及各项业务工作的管理权

3.2.2 对货品管理有建议权和督促权

3.2.3 对拓展发案及新开发客户有建议权、复核权和否决权

3.2.4 对促销货品有建议权和任免权

3.2.5 有对下属人员的任用权和任免权

3.2.6 对所属下级的工作争议有裁决权

3.2.7 对直属下属有奖惩的建议权及执行权

二、销售督导的职能及工作职责

1. 销售督导的角色定位

如果说把企业比作一部电影,主角是令人瞩目的焦点,龙套为装饰陪衬的花边,而销售督导的角色既不是主角,也不是龙套,而是介于主角与龙套之间的"最佳配角"。因为营销督导虽然具备一定的权力,但是他并不是企业权力表现的中心,他最主要的作用是当好助手,即成为企业"主角"大展宏图的"左膀右臂"。

2. 销售督导的工作职责

2.1 制定目标责任

根据总体的销售目标和店铺利润目标,分解所负责店铺的销售目标和利润目标。

2.2 销售管理

2.2.1 根据店铺总成本和利润计划与以往的销售情况和所在商圈分析,制定店铺合理的商品结构和价格结构的《周销售/库存/价格分析表》。

2.2.2 根据店铺销售/库存/订单状况提出补货建议,及时向货品管理员反映畅销款信息,跟进店铺补货,确保逢节假日/旺季前/季中促销有充分备货。

2.3 店铺管理

2.3.1 筹备店铺开业前的相关工作,如店铺物料、工程物料、商品配发、培训陈列等。

2.3.2 营业指导:根据《店铺运营手册》指导专卖店操作技能(店铺销售动作,店员培训、卖场规划、货品陈列),为各店铺提供能够提升管理和经营水平及营业推销技巧的指导。

2.3.3 每周制定《周销售/库存/价格分析表》,并根据表格反映的问题和营业指标,对所辖店铺的销售策略提出有价值的建议,执行调整方案并记录存档。

2.3.4 负责检查、指导店员形象、店貌（灯光、陈列、卫生）并给予指导和调整。

2.4 店铺培训

2.4.1 加强对客户与店铺导购人员的各季产品知识培训，必须掌握每一季上市产品的知识（设计理念、价格、面料搭配管理、促销活动）。

2.4.2 所辖店铺人员的相关培训（每周主推价格及产品、服务流程、品牌定位、营运流程、货品管理、店铺管理、促销活动）。

2.5 市场调查和信息反馈

2.5.1 收集和反馈所辖店铺周边的消费力、消费习惯和人均收入。

2.5.2 熟悉所辖店铺的市场及商圈的变化与发展趋势，调查所在商圈各类品牌的销售方式和价格策略，畅销的类型和价格区间。

2.5.3 分析评估所辖店铺商圈品牌分布和运营情况，以及消费群体的生活习惯和消费特点。

2.6 品牌形象及促销

2.6.1 落实、监督与执行各项销售推广活动和各季度大型节日橱窗的布置与店内气氛的营造。

2.6.2 总结各次促销活动的效果与信息反馈。

2.6.3 按要求落实和监督店面/专柜形象统一和产品统一性，不能掺有其他品牌的产品在店内销售。

2.7 客情关系的维护

2.7.1 与客户保持良好的客情关系，接受并跟进客户投诉的处理情况。

2.7.2 建立终端卖场的档案资料，接待来访客户。

2.7.3 所辖店铺的经营管理一般问题的处理，重大问题的反馈。

2.7.4 所辖店铺的日常经营管理的沟通、指导与支持。

2.7.5 提高客户信任度、配合度。

2.8 客户账务

账务回收：按公司日常的财务制度及时催收应收回款，防止信用风险。

3. 销售督导的责任

3.1 对店铺服务与支持及时到位负责。

3.2 对店铺销售目标与盈利指标负责。

3.3 对店铺销售报表统计、分析的及时性、准确性负责。

3.4 对店铺店面形象的统一性负责。

3.5 对订单货品的按期、准确、高质交付负责。

3.6 对店铺的信息互传的准确、及时性负责。

3.7 对货品管理、店铺管理、服务管理、形象管理负责。

3.8 对店长、店员培训的质量、效果负责。

3.9 对所辖店铺的服务、管理、监督和任何责任事故负责。

3.10 对所辖的店铺关闭负责。

4. 销售督导的权利

4.1 市场拓展计划的知情权和建议权。

4.2 客户加盟申请的知情权。

4.3 客户产品供应（首批货）的审核权。

4.4 产品退货、换货、调配的审核权。

4.5 客户经营管理一般情况问题处理审核权。

4.6 财务跟进的监督权。

4.7 品牌推广活动的建议权。

4.8 公司品牌推广与促销活动、策略的建议权。

4.9 所辖区域客户经营销售的指导权。

4.10 公司销售策略、店面形象、运作流程规范的监督权。

4.11 所辖区域内运营费用的知情权。

三、货品管理员的职能及工作职责

1. 货品管理员的角色定位

货品管理员简称货管员，在终端管理中占有重要的地位，是终端销售的基础。所有货品的进销存数据分析来自于货管员，货品的调度、分配将根据重要的数据信息操作。货管员在多店销售系统中是必不可少的。

2. 货品管理员的工作职责

2.1 受理补货订单（包括货品／辅料／促销品等），包括一切客户要求公司提供的物料订单，并根据公司制度向各物料供应部门转达订单，并在 48 小时内完成跟进工作。

2.2 调配货品（包括退换货）：

所属的店铺配发货及退换货工作，根据《周销售／库存／价格分析表》随时关注店铺销售数据和总仓的库存数据，清楚掌握所管理的每个店铺可调换货品的数量及款式，提前把此类货品在辖区内作货品调配（小物流）；

或在许可的情况下，提前与其他店铺的同事相协调，做跨辖区的货品调配，确保辖区内店铺与总库存的良性循环，控制有效库存。

2.3 将每家店铺的《周销售／库存／价格分析表》作为调补货和制定季中促销的依据。

2.4 跟催各店铺《周销售/库存/价格分析表》的回收，及时做出数据分析。

2.5 根据各店铺的库存、销售数据为店铺进行配货、补货处理。

3. 货品管理员的权利

3.1 店铺货品供应的调配建议权。

3.2 店铺退货、换货、调货的核查权。

3.3 店铺配货的指导权。

3.4 店铺物料（促销物料、赠品等）的调配执行权。

3.5 保持店铺进销存数据的完整性的权力。

3.6 店铺数据的分析权力。

 附录八
店铺日常工作流程

工作阶段	工作流程	注意事项
营业前	店员报到	每天提前15分钟到店，进入店后依次打开电源，做好店员签到考勤，查看留言本上的昨日留言及营业状况，待店员到齐，召开早会
	早会	早会由店长主持，所有店员必须参加，议程包括： 检查仪容仪表； 总结前一天的销售情况和工作； 介绍销售计划，提出当日销售目标； 提出当日工作要求：服务要求、纪律要求、卫生标准、顾客意见反馈； 注意每位店员的情绪，提高其工作意愿；针对新店员进行阶段性的、有计划的销售技巧培训与产品知识培训，尤其是有新品上市时； 传达上级的工作要求； 鼓励、表扬优秀店员
	整理	指导清理店内卫生，分区进行； 指导整理货品； 依卫生核检表检查
	收银准备	店长指导收银员做好准备工作
	开工仪式	店长带领店员做早操锻炼，迎宾气氛一定要活跃，表情自然、亲切； 店长带领店员高呼开工口号，激励士气

(续表)

工作阶段	工作流程	注意事项
营业中	正式营业	巡视货场，检查清洁工作（包括橱窗、模特装饰），带领店员向顾客打招呼，检查、补充货场； 注意整个卖场的氛围； 每隔一小时到收银处查看营业状况，对照以往情况进行分析，并及时提醒、鼓励店员； 注意店员的休息、工作状态，切勿彼此同进同出、同时休息或频繁休息
	空闲安排	比较空闲时，可请一位店员介绍货品的价格、特点、面料等，让大家温故知新； 指导店员整理货品，打扫卫生
	交接班	交接班时要注意店堂安全，以防人多而丢失货品； 安排必要的人员进行导购服务，切不可冷落顾客； 将上午情况交代给下一班，鼓励中班店员； 交接班要以迅速、准确、方便为原则
营业后	核定目标	当天销售情况总结，核对是否实现早会所定目标； 分析并解决相关问题，提出相应策略，不断地改进工作方法，促进销售业绩
	整理顾客档案	方便顾客服务、跟踪反馈信息
	完成各种报表	包括日报表、周报表、月报表、店员考核表等
	货品清点及补充	
	清洁货场及检查安全	

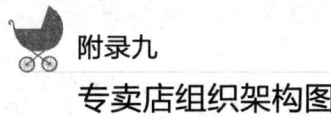
附录九
专卖店组织架构图

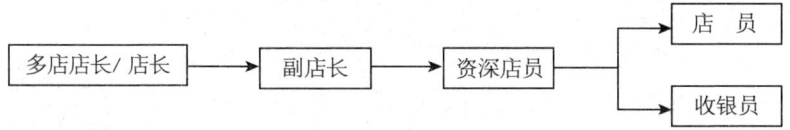

 **附录十**

店长（柜长）的角色定位、工作职责

1. 角色定位

  1.1 专卖店的品牌形象维护管理者；

  1.2 店铺人事及后勤的维护、配置、管理者；

  1.3 店铺货品统筹组织者；

  1.4 店铺账务、业绩等数据信息的建立、分析及维护者；

  1.5 店铺团队经营管理者；

  1.6 店员的产品知识及销售知识培训、指导者；

  1.7 店铺卖场的监管者；

  1.8 店铺目标管理的监督执行者。

2. 工作职责

  2.1 店铺人事、考勤管理；

  2.2 店铺行政及后勤店务管理；

2.3 店铺各项制度的执行；

2.4 店铺团队建设及激励；

2.5 店铺货品管理；

2.6 VIP 顾客管理；

2.7 店铺促销管理；

2.8 指导培训店员；

2.9 目标管理；

2.10 店铺账务管理；

2.11 店铺日常营业的卖场维护管理；

2.12 顾客投诉的处理。

附录十一
收银员的角色定位、工作职责及营业工作流程

1. 角色定位

  1.1 店铺营业现金管理者；

  1.2 店铺日销售报表及进销存报表数据的制作者；

  1.3 店铺日目标的协助督促、跟踪提醒者；

  1.4 销售最后环节的送客服务者；

  1.5 促进店铺销售的附加推销员。

2. 工作职责

  2.1 店铺营业额的现金及备用金交班交接、核账及存款；

  2.2 店铺日销售报表的制作及管理；

  2.3 店铺进销存报表的制作；

  2.4 顾客付款时的附加推销工作；

  2.5 负责在收银时与顾客核对付款商品的数量及金额；

2.6 负责每日不定时向店铺人员公布目标完成情况及激励；

2.7 负责顾客退换货的账目处理；

2.8 负责收银台范围的安全工作；

2.9 负责预备当日营业的零钱；

2.10 负责营业收款及为顾客做好货品包装；

2.11 协助店长统计店铺日用品及申请；

2.12 协助店长整理其他数据报表；

2.13 迎客及送客。

3. 营业工作流程

3.1 营业前

3.1.1 查看有关门户、抽屉、收银机及保险箱是否周全无损；

3.1.2 将私人财物锁在储物柜，禁止随身携带任何现金工作；

3.1.3 现金交接、核清前日营业金额及备用金数目；

3.1.4 将日前营业额存入银行，点清数目并安排二人同行，避免固定时间和步行路线；

3.1.5 参加早会。

3.2 营业中

3.2.1 每次完成交易前必须进行附加推销："新近运到一批……货，不妨试下。"或"现买满×××送×××，请问你要不要多买一件，即可获得超值赠送。"

3.2.2 与客人核对所购货品的数量及让顾客检查；

3.2.3 告知客人货品总数量及金额；

3.2.4 输入电脑／收银机；

3.2.5 付款时，必须双手接收客人的钱币或银行卡；

3.2.6 复述所收款项及低调地用验钞机核照真假；

3.2.7 在顾客面前点清找赎，并双手将找赎（银行卡）连同收据递给客人；

3.2.8 微笑地说"多谢""有空再光临"或"欢迎下次光临"；

3.2.9 空余时间整理未报销之杂项开支单据，整齐贮存并记录；

3.2.10 店长及其助手每次交接前后，必须交代并点算清楚所有店存金额；

3.2.11 确保收银机内款项不超越规定限额；

3.2.12 营业情况混乱时，收银员必须保持冷静，避免出错；

3.2.13 维护收银台，保持干净整洁。

3.3 营业后

3.3.1 复核款项与收银机数，点算清楚交店长存入保险箱；

3.3.2 完成日报表及营业报表；

3.3.3 检查并确认抽屉，收银机及保险柜是否关闭好；

3.3.4 参加晚会。

附录十二
店员的角色定位、工作职责及营业工作流程

1. 角色定位

1.1 店铺品牌形象的代表者；

1.2 店铺顾客的服务专员；

1.3 店铺的专业育儿顾问。

2. 工作职责

2.1 维护店铺环境卫生及货品摆设；

2.2 个人形象及店铺形象维护；

2.3 熟悉产品专业知识、价格、库存及销售情况；

2.4 维护卖场产品的陈列摆设；

2.5 卖场产品的安全保管工作；

2.6 店铺及个人销售目标的达成；

2.7 及时调整、补充店铺货品陈列；

2.8 顾客投诉的处理；

2.9 产品及销售专业知识的学习提升；

2.10 同事间的相互激励；

2.11 协助其他同事销售。

3. 营业工作流程

3.1 营业前

3.1.1 清洁环境、货场、货仓等；

3.1.2 整理商品陈列、补货、调货；

3.1.3 整理个人服装仪容；

3.1.4 参加早会。

3.2 营业中

3.2.1 销售商品作业；

3.2.2 提供热诚亲切的服务态度；

3.2.3 保持商品陈列展示之完整性——摆放整齐、清洁及价格牌的完整；

3.2.4 运用商品的特性、优点、配搭功能以做推销；

3.2.5 跟进产品专业知识、销售技能及附加推销；

3.2.6 保持工作环境清洁干净；

3.2.7 不可随意进出收银台；

3.2.8 处理公司进、退、调货的作业事宜；

3.2.9 随时注意店内的安全，提高警觉，预防偷窃。

3.3 营业后

3.3.1 清洁环境，包括卖场、货仓等；

3.3.2 整理检查产品，包括陈列、补货等；

3.3.3 参加晚会。